Das Handbuch für den ersten Phuket Urlaub

Autor: Sebastian Prestele

www.phuketastic.com

Über den Autor:

Sebastian Prestele lebt seit 2004 auf der thailändischen Insel Phuket. Er arbeitete als Tauchlehrer, Hotelmanager und Vertriebsleiter im asienweiten Vertrieb einer Handelsagentur.

Auf seinem Blog Phuketastic.com und seinen Reiseführer gibt er Tipps und Informationen für Phuket Reisende.

Das Handbuch für den ersten Phuket Urlaub

Ein Reiseführer von Sebastian Prestele

www.phuketastic.com

Prestele, Sebastian: Das Handbuch für den ersten Phuket Urlaub
Phuket, März 2014

Flow Far East Consulting Co Ltd.
79/168 Moo7
T. Chalong A. Muang Phuket
83130 Phuket
THAILAND

Ein Titeldatensatz für diese Publikation ist bei der Deutschen Nationalbibliothek erhältlich

Erstauflage
Verlag: Flow Far East Consulting Co Ltd
Phuket, Thailand

Printed in Germany by Amazon Distribution GmbH, Leipzig

ISBN: 978-1494926014

Vorwort des Autors

Phuket ist seit 2004 meine Heimat. Dabei war das in keinster Weise geplant. Alles, was ich wollte, war irgendwo in den Tropen dem Winter zu entfliehen und Tauchlehrer zu werden. Aus geplanten 6 Monaten wurden mittlerweile fast 9 Jahre. Der Single wurde zum verheirateten Familienvater und Phuket mein Zuhause. Während all der Jahre habe ich immer gerne meine Erfahrungen geteilt und die schönsten Orte der Insel geteilt, mit der Familie und Freunden, die mich besuchen kamen, genauso wie mit Gästen der Tauchschule und des Hotels, in dem ich eine Zeit arbeitete.

Im September 2012 entstand mein Blog www.phuketastic.com, der mittlerweile mit Tausenden von Besuchern jeden Monat der führende deutsch-sprachige Phuket Blog ist. Auf dem Blog teile ich meine Erfahrungen mit den vielen Menschen, die nach Informationen für ihren Phuket Urlaub suchen. Dieses Ziel verfolge ich auch mit diesem Ebook. Es richtet sich dabei ganz gezielt an Neulinge, die gerade ihre erste Reise nach Phuket planen.

Bei der Masse an Webseiten und Reiseführern, die es bereits gibt, wollte ich mich auf das Wesentliche beschränken und einen Überblick über die wichtigsten Themen geben, die einen vor der ersten Reise an einen neuen Ort beschäftigen. Mein Blog und dieses Ebook leben von meinen Erfahrungen, aber auch von den Erfahrungen meiner Leser. Darum bin ich immer bemüht, das Ebook weiter zu verbessern. Aus diesem Grund bitte ich um Kontaktaufnahme und bin offen für konstruktive Kritik und natürlich stehe ich auch gerne für weitere Hilfe bei der Urlaubsplanung zur Verfügung.

Und damit wünsche ich viel Spass beim Lesen und einen wunderbaren Urlaub in Thailand und Phuket!
Viele Grüße aus Phuket,

Sebastian Prestele

Inhaltsverzeichnis

0. Vorwort

1. Warum eigentlich Urlaub auf Phuket machen?

2. Alles Wissenswerte rund um Phuket

3. Vorbereitung – Reisezeit, Flüge, Visum, Hotel

4. Ankunft auf Phuket und erste Orientierung

5. Übersicht der Strände auf Phuket.

6. 10 Ausflüge, die man nicht verpassen sollte

7. Sportmöglichkeiten auf Phuket

8. Feste und Veranstaltungen

9. Nachbarinseln von Phuket

10. Kulinarische Spezialitäten

11. Meine persönlichen Lieblingsrestaurants

12. Thai für Anfänger

13. Letzte Worte

Anhang 1: Wichtige Telefonnummern

Anhang 2: Buchempfehlungen

Anhang 3: Weiterführende Links

1. Warum eigentlich Urlaub auf Phuket machen?

Phuket ist als die größte Insel Thailands ein Urlaubsparadies, das mit einer unglaublichen Vielfalt an Angeboten für Reisende aufwarten kann. Neben den touristisch sehr gut erschlossenen Orten, manche mögen diese Orte als massentouristisch und überlaufen bezeichnen, gibt es auch viele kleinere, ursprünglichere Orte. Zudem gibt es auf Phuket auch noch immer unbekannte, ruhige Orte, in denen das Leben vom Tourismus nahezu nicht beeinflusst wird.

Auch wenn Phuket nicht die allerschönsten Strände in Thailand, nicht die schönsten Tempel, nicht das beste Tauchen in Asien, nicht die Größe von Bangkok oder die Kultur von Chiang Mai, nicht die kleinsten Preise und auch nicht die höchsten Berge hat,so muss man dennoch eines feststellen:

Phuket hat von Allem etwas zu bieten!

Und genau diese Vielseitigkeit ist es, die mich immer an Phuket fasziniert hat. Hier gibt es so viele Möglichkeiten den Urlaub zu gestalten, dass es garantiert nicht langweilig wird. Die Nähe zu vielen weiteren Attraktionen Thailands wie auch die gute Fluganbindung in andere Länder Asiens sind ein weiterer Pluspunkt.

Wer dem Trubel vieler Orte Phukets entgehen will, findet auf umliegenden Inseln oder nur eine Stunde nördlich von Phuket traumhafte Inseln, unberührte Strände und Dschungel.

Selbst für Backpacker hat Phuket mit der Altstadt von Phuket-Town und den nahen Inseln wie etwa Koh Yao etwas zu bieten.

Natürlich hat sich Phuket über die Jahre verändert. Die Insel wurde weitgehend touristisch erschlossen. Billige Unterkünfte direkt am Strand sucht man (fast) vergeblich. Und dennoch hat diese Entwicklung auch viel Positives mit sich gebracht. Das

Angebot an sehr guten Hotels und ausgezeichneten Restaurants hat sich vervielfacht und man hat die Qual der Wahl. Sportmöglichkeiten aller Arten, Krankenhäuser von Weltklasse, Fluganbindungen in die ganze Welt. Die Strände sind weiterhin weiß und sandig, das Meer blau und warm. Das Wetter wird auch in Zukunft meistens sonnig und heiß sein.

All das macht Phuket zu einem Ferienziel der Extraklasse.

Einige der Vorteile und Angebote von Phuket auf einen Blick:

- Wunderschöne Strände
- Traumhaftes Wetter ganzjährig
- Wassersport wie Segeln, Wellenreiten, Kiten, Tauchen
- Dschungel
- Berge (nicht besonders hoch, aber dennoch schön zum Wandern)
- Erstklassige Golfplätze
- Unterkünfte von sehr billig bis ultra-luxuriös
- Essen: einfache Thaiküche bis Sternegastronomie
- Weltklasse Krankenhäuser(Medizintourismus...)
- Sehr gute Anbindung an Nachbarländer mit dem Flugzeug
- Weit über 30 Tempel
- Diverse Festivals im Jahresverlauf
- Viele fantastische Tagesausflüge in die Umgebung möglich
- Historische Altstadt von Phuket Town

Natürlich gibt es auch die Schattenseiten, die der Massentourismus mit sich bringt, bzw. die mangelnder Einsicht/Korruption geschuldet sind. Und kein Phuket-Handbuch wäre komplett, ohne nicht auch auf diese negativen Aspekte hinzuweisen. Viele der angesprochenen Punkte lassen sich aber ohne weiteres vermeiden bzw. sind hauptsächlich in den am stärksten touristischen Orten zu spüren.

- Steigende Preise
- Kaum noch „einsame“ Strände
- Tuk-Tuk Mafia mit unverschämten Preisen (v.a. in Patong)
- Kein öffentliches Nahverkehrssystem
- Zunehmend hohes Verkehrsaufkommen mit Staus zur Rush Hour
- Betrügereien mit Jet Skis
- Aufdringliche Schneider und sonst. Verkäufer (v.a. in Patong und Kata)

Trotz dieser negativen Seiten ist Phuket weiterhin ein wunderbares Reiseziel, das nicht umsonst auch bei vielen Auswanderern sehr beliebt ist.

2. Alles Wissenswerte rund um Phuket

Geographie

Die Insel Phuket (was übrigens Phuket ausgesprochen wird und nicht Fuket) liegt im Süden von Thailand an der Westküste des Landes. Anders als etwa Koh Samui, das am Golf von Thailand liegt, ist Phuket an der Andamanensee gelegen.

Mit 539 km² ist Phuket die größte Insel Thailands und zudem eine eigene Provinz. Thailand hat übrigens insgesamt 76 Provinzen, davon 14 in Südthailand. Die Insel ist 50 km lang und 22 km breit und im Norden über die Sarasin-Brücke mit dem Festland, der Provinz Phang Nga, verbunden.

Phukets Topographie ist sehr vielseitig mit Hügeln bis über 500 m ü. NN. Ein großer Teil der Insel ist mit Wald bedeckt. Im Norden der Insel gibt es noch ursprünglichen Primärurwald, der im Khao Phra Thaew Reservat geschützt ist.

Die Insel selbst besteht hauptsächlich aus Granit. Die umliegenden Inseln sind entweder aus Granit oder aus Kalkstein.

Strände finden sich überall auf Phuket, doch die feinen Sandstrände auf der Westseite sind die schöneren und den schlammigen Stränden auf der Ostseite vorzuziehen.

Name und Geschichte

Die Insel Phuket wurde angeblich bereits von Ptolemäus im 2. Jahrhundert n. Chr. erwähnt. Auf alten Seekarten aus dem 13. Jahrhundert taucht Phuket unter dem Namen Junk Ceylon auf. Der Name stammt wohl vom malayischen Ujang Telong: Ujang bedeutet „Halbinsel“, Telong „Kap“.

Aus Telong wurde später Thalang, ein Name, den auch heute noch der nördliche Teil von Phuket trägt. Der heutige Name Phuket entspringt wohl ebenfalls einem malaiischen Wort, nämlich Bukit oder „Hügel" und bezog sich auf den südlichen Teil der Insel.

Im 17. Jahrhundert stritten sich die Engländer, Holländer und Franzosen um das Vorrecht, Zinnhandel mit Phuket zu betreiben, das mittlerweile als Junk Ceylon bekannt war. In den 1680er Jahren ernannte der siamesische König Narai einen Franzosen zum Gouverneur von Junk Ceylon, um den britischen und holländischen Einfluss zu verringern.

1685 bestätigte König Narai den Franzosen das Monopol auf den Zinnhandel. Doch die Franzosen wurden bereits 1688 nach der Siamesischen Revolution aus dem Königreich Siam (früherer Name Thailands) verbannt. Ein Versuch der Franzosen, Phuket 1689/1690 zu erobern blieb erfolglos.

1785 wurde Phuket von den Burmesen angegriffen. Francis Light, Kapitän der Britischen East-India Company warnte die lokalen Behörden vor dem Angriff. Die Frau des kurz zuvor verstorbenen Gouverneurs Chan und ihre Schwester Muk führten die lokalen Truppen an und vergrößerten die Truppenstärke, indem auch Frauen sich als Männer verkleideten. Nach einer einmonatigen Belagerung gaben die Burmesen auf. Die beiden Schwestern werden bis heute als Heldinnen verehrt.

Während der Regentschaft des verehrten Königs Chulalongkorn ab der Mitte des 19. Jahrhunderts wurde Phuket das administrative Zentrum der südthailändischen Zinnproduktion. Daraus resultierte auch der Status von Phuket als reichste Provinz Thailands und die Prachtgebäude im sind-portugiesischen Stil in Phuket-Town.

1933 wurde Phuket schließlich von König Monthon als eigenständige Provinz bestätigt.

Klima

In Phuket herrscht tropisches Klima, das durch den Monsun geprägt ist. Das Wetter ist ganzjährig warm, die wärmsten Monate sind April und Mai.

Es gibt drei Jahreszeiten:

- die „kalte“, trockene Jahreszeit von November bis Februar, die geringsten Niederschläge
- die heiße Jahreszeit von März bis Mai, sehr heiß und schwül, besonders Ende Mai oft starke Gewitter
- die Regenzeit von Juni bis Oktober, September ist der regenreichste Monat des Jahres.

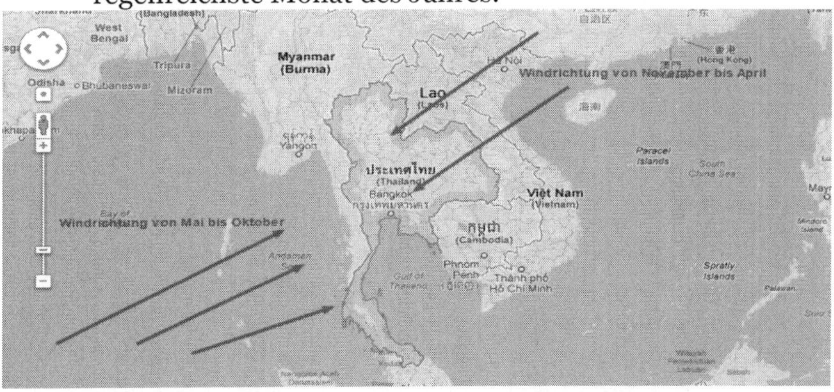

Die Jahreszeiten werden von den Monsunwinden bestimmt. Während der Regenzeit kommt der Wind aus Südwesten über das offene Meer und bringt damit viel warme, feuchte Luft und Niederschläge mit sich. Gegen Ende der Regenzeit dreht der Wind und kommt dann während der heißen Jahreszeit aus Nordosten über die Landmasse Asiens. In dieser Zeit wird es zunehmend heißer und trockener mit nur wenigen Niederschlägen.

Die Temperatur liegt ganzjährig zwischen 29 bis 33° C maximal und 22 bis 25° C minimal. Heißester Monat ist in aller Regel der April, am kühlsten ist es im September.

Regenzeit

Trotz des Namens Regenzeit bedeutet dies nicht, dass es durchgehend regnet. Besonders Mai und September sind sehr regenreich. Doch ist oftmals der August ein sehr angenehmer Monat mit sehr viel Sonne und wenig Regen. Die Regenzeit kann eher als eine unbeständige Zeit gesehen werden, vergleichbar mit unserem Aprilwetter, mit sonnigen, heißen Perioden, die sich mit einigen Tagen Regen abwechseln.

Einwohner Phukets

Die Einwohnerzahl Phukets ist ein strittiges Thema. Bei der letzten Erhebung wurden ca. 525.000 Personen gezählt, davon knapp 116.000 Ausländer. Die tatsächliche Zahl dürfte deutlich höher liegen, denn in der Erhebung zählen weder illegale Arbeiter noch sind alle westlichen Ausländer gemeldet. Dazu kommt das Problem, dass viele Thais zwar auf Phuket leben und arbeiten, aber weiterhin an ihrem Geburtsort registriert sind.

Eine realistischere Einwohnerzahl, die oft genannt wird, ist ca. 1 Million Menschen, die zumindest während der Hochsaison auf Phuket leben.

Die meisten Einwohner Phukets mit ca. 71 %sind buddhistische Thais, ca. 24 % sind muslimische Thais und etwa 4 % sind Angehörige der Seezigeuner.

Etwa 30 % aller Thais auf Phuket sind chinesischer Abstammung, Nachfahren der Chinesen, die in der Zinnindustrie tätig waren.

Daneben gibt es auch noch eine sehr große Anzahl von burmesischen Arbeitern, die meisten davon illegale Arbeiter. Es wird über eine Zahl von etwa 100.000 illegaler Arbeiter spekuliert.

Sprache

Neben dem Hoch-Thai, das die offizielle Sprache in Thailand ist, wird im Süden das Süd-Thai gesprochen. Dieser thailändische Dialekt ist sehr schnell und endet mit einem hochgezogenen Ton am Ende des Satzes. Zudem werden viele ganz eigene Wörter verwendet.

Süd-Thailändisch verhält sich zu Hoch-Thai ungefähr wie Hochdeutsch zu Bayerisch.

Da aber auch sehr viele der auf Phuket lebenden Thais aus dem Nordosten des Landes, dem Isaan, stammen, hört man auch vielerorts die Isaan-Variante des Thai, die dem Laotischen sehr ähnlich ist.

3. Vorbereitung – Reisezeit, Flüge, Visum, Hotel

Vorbereitung ist die halbe Miete, sagt man. Und auch für den Thailandurlaub gilt die Devise: Gut vorbereitet heißt mehr Urlaubsvergnügen.

Beste Reisezeit

Nicht jeder ist flexibel mit der Reisezeit und viele haben gar keine andere Wahl, als in den Ferienzeiten zu verreisen. Damit auch in der Hauptreisezeit der Urlaub traumhaft wird, folgen nun einige wichtige Tipps zur Reisezeit:

- Die allgemein beste Reisezeit ist von Dezember bis März. In dieser Zeit ist es meist trocken und nicht ganz so heiß wie im April/Mai.

- Über Weihnachten und Neujahr steigen die Preise in den Touristenzentren deutlich an. Viele Hotels haben verbindliche Weihnachts- und Neujahrsgaladinner, die unabhängig von der Teilnahme bezahlt werden müssen. (Dies sollte man bei der Auswahl und Buchung des Hotels beachten.)

- Die Regenzeit an der Westküste (Phuket, Krabi, Phi Phi, Similan) ist nicht zur selben Zeit wie an der Golfküste (Koh Samui, Koh Tao, Koh Phangan). Dies sollte bei der Planung ebenfalls beachtet werden.

- Die Regenzeit bedeutet nicht durchgehenden, wochenlangen Regen, wie viele meinen. Besonders im Juli und August kann das Wetter auf Phuket tage- bzw. wochenlang sehr, sehr schön und sonnig sein. Zu vermeiden gilt es dort v.a. Ende Mai und September. An der Ostküste sind dagegen besonders Oktober, November und Anfang Dezember sehr regenreich.

- Die Regenzeit, besser Nebensaison, sollte man aber v.a. auf Grund der niedrigeren Preise und weniger Touristen dennoch nicht von vornherein ausschließen.
- Gefährlich können die Wellen und Strömungen während der Sommermonate an den Stränden Phukets sein. Hier gilt es, die Warnhinweise und Flaggen zu beachten und bei roten Flaggen nicht baden zu gehen.
- Wer tauchen möchte sollte beachten, dass die Similan-Inseln von Mitte Mai bis Mitte Oktober gesperrt sind.
- Eine Reise wert ist das thailändische Neujahrsfest, Songkran, am 13. April, das im ganzen Land als eine riesige Wasserschlacht gefeiert wird.
- Auf Phuket ist das Vegetarian Festival sehr sehenswert, das jedes Jahr Ende September/Anfang Oktober stattfindet.

Flüge

Flüge nach Thailand gibt es von vielen Airlines. Die Preise sind hier sehr variabel, so dass es sich durchaus lohnt, etwas länger zu suchen.

Preise liegen meist um die 1000 Euro pro Person für Hin- und Rückflug. Immer wieder werden jedoch auch Sonderpreise angeboten, besonders wenn man zeitlich flexibel ist.

Neben den Direktflügen von Frankfurt und München nach Bangkok bieten auch diverse Airlines Flüge mit einem Zwischenstopp an ihrem Hauptknotenpunkt an. Hier eine Auswahl an Airlines, die ein gutes Preisleistungsverhältnis bieten und deren Preise im o.g. Rahmen liegen:

Aeroflot – von Frankfurt und München über Moskau nach Bangkok und Phuket http://www.aeroflot.ru/cms/en

Air Berlin – von Berlin und Düsseldorf über Abu Dhabi nach Bangkok und Phuket (die meisten Flüge werden von Etihad durchgeführt) www.airberlin.com

Condor – von diversen deutschen Flughäfen nach Bangkok und Phuket, aber nur von November bis Mitte April www.condor.com

Egypt Air – über Kairo nach Bangkok www.egyptair.com

Etihad Airways – von München und Frankfurt über Abu Dhabi nach Bangkok und weiter nach Phuket www.etihadairways.com

Malaysian Airlines – über Kuala Lumpur nach Phuket und Bangkok www.malaysiaairlines.com

Thai Airways – von München und Frankfurt direkt nach Bangkok und weiter nach Phuket http://www.thaiairways.com/

Turkish Airlines – über Istanbul nach Bangkok www.turkishairlines.com

Qatar Airways – über Doha nach Bangkok und weiter nach Phuket www.qatarairways.com

Weitere Airlines, die ebenfalls empfehlenswert sind, deren Flugpreise aber meist deutlich höher liegen:

Lufthansa – www.lufthansa.com

Singapore Airlines - www.singaporeair.com

Emirates – www.emirates.com

Cathay Pacific - www.cathaypacific.com

Wie man sieht, gibt es ein riesiges Angebot an Fluglinien, die alle Flüge nach Asien anbieten. Neben den genannten gibt es auch noch einige Exoten, bei denen es sich lohnt zu prüfen, wie etwa Air Turkmenistan.

Ein sehr guter Weg, an günstige Flugtickets zu kommen, ist über Buchungsmaschinen und Vergleichsportale im Internet. Einige der bekanntesten und besten sind:

www.momondo.de

www.expedia.com

www.opodo.com

www.fluege.de

www.swoodoo.com

www.fly.de

www.lastminute.com

www.flug.de

www.billigflieger.de

www.skyscanner.de

www.travel-overland.de

www.airline-direkt.de

www.kayak.com

Einige dieser Anbieter bieten die Möglichkeit, die Angebote anderer Anbieter gleich mit zu prüfen.

TIPP: Der beste Zeitpunkt für die Buchung einer Flugreise nach Asien ist meist ca. 20-22 Wochen vor der geplanten Reise, da dann in aller Regel die besten Preise zu finden sind!

Wer zeitlich sehr flexibel ist, sollte sich einmal die sog. Error Fares ansehen. Dies sind Flugpreise, die beim Einstellen von Sonderangeboten in die Webseiten der Fluglinien und beim Abgleichen mit den Buchungsmaschinen falsch eingegeben werden. Teilweise lassen sich Flüge mit mehr als 50% Ersparnis buchen.

Auf den folgenden Webseiten finden sich aktuelle Hinweise zu diversen Error Fares und anderen Sonderangeboten:

www.urlaubsdealer.com/category/errorfare/

www.schnappr.de/category/error-fare

ww.urlauber-deals.de/tag/error-fare

www.urlaubspiraten.de/

www.beste-reise-deals.de/

www.urlaubsguru.de

Weitere Seiten findet man auch mit einer einfachen Google Suche.

Anreise aus anderen Orten in Thailand oder Asien

Wer sich bereits in Thailand aufhält oder aus einem asiatischen Nachbarland nach Phuket reist, dem bieten sich zwei Möglichkeiten:

Flug und Bus

Auch alle nationalen und inner-asiatischen Flüge landen am Phuket Flughafen.

Die beste Fluglinie für billige Flüge in Asien ist AirAsia www.airasia.com
Für Flüge aus Bangkok bietet sich auch Nok Air an www.nokair.com

Da Phuket keinen Bahnanschluss hat, ist neben dem Flugzeug nur noch die Anreise mit dem Bus möglich. Aus Bangkok fahren mehrmals täglich und vor allem über Nacht Reisebusse nach Phuket. Zu diversen Orten in Südthailand bestehen Minibusverbindungen.

Visabestimmungen und Reisepass

Alle Angaben zu Visa etc. beziehen sich auf von mir recherchierte Angaben auf den Seiten der thailändischen Botschaft für Deutschland/Konsulat in München und sind nicht für jede Nationalität gültig. Für deutsche, österreichische und Schweizer Staatsbürger gelten in der Regel die gleichen Bestimmungen. Im Zweifelsfall auf den Seiten der zuständigen Botschaft überprüfen:

Thailändische Botschaft Deutschland:
http://www.thaiembassy.de/de

Thailändische Botschaft Österreich: http://www.thaiembassy.at/

Thailändische Botschaft Schweiz:
http://thaiembassybern.org/en/index.php

Jeder Thailandreisende benötigt einen zum Zeitpunkt der Einreise noch mind. 6 Monate gültigen Reisepass. Auch Kinder benötigen einen Reisepass!

Ein Visum wird für kurze Urlaubsreisen nicht benötigt. Bei Einreise mit dem Flugzeug erhält man automatisch eine Aufenthaltsberechtigung für 30 Tage.

Für längere Aufenthalte wird ein Visum benötigt. Hierbei werden diverse Arten unterschieden, von denen ich hier die wichtigsten vorstelle:

Tourist Visum 60 Tage: Berechtigt zum Aufenthalt von 60 Tagen bei einmaliger oder mehrfacher Einreise.

Non - Immigrant Visum 90 Tage, entweder einfache oder mehrfache Einreise: Dieses Visum ist für „normale" Reisende eher schwierig zu bekommen und erfordert einiges mehr an Unterlagen. Folgende Formen des Non - Immigrant Visum gibt es:

NON Immigrant Kategorie „B" - für Geschäftsreisende und in Thailand Angestellte

NON Immigrant Kategorie „ED" für Studenten, Sprachschüler und

Muay Thai Schüler

NON Immigrant Kategorie „O“ für Ehepartner von thailändischen Staatsbürgern und Rentner ab 50 Jahren

Des Weiteren gibt es auch für Journalisten, Filmemacher und Diplomaten spezielle Visa.

ACHTUNG: Mit keinem der Visa ist eine Arbeitsaufnahme gestattet. Dafür wird eine separate Arbeitsgenehmigung benötigt.

Für alle Visa werden die folgenden Unterlagen benötigt:

- Ausgefüllter Visa-Antrag
- 2 Passbilder
- Reisepass im Original mind. 6 Monate gültig und noch mind. 1 freie Seite
- Kopie des Reisepasses
- Flugticket, bei Touristenvisum mit Rück- oder Weiterflug!

Für die NON Immigrant Visa zusätzlich folgende Unterlagen:

- Visum – O: (Mindestalter 50 Jahre): Kopie vom Rentenbescheid bzw. Einkommensbescheid (mind. 1.000,- €/Monat) oder Vorlage eines Vermögensnachweises (mind. 5.000,- €)
- Falls mit thail. Staatsbürger verheiratet (kein Mindestalter): Kopie d. Heiratsurkunde und Kopie d. Passes d. thail. Gatten/Gattin
- - Visum – B: Kostenübernahmeerklärung der Firma mit Angabe des Aufenthaltszeitraums und eine Kopie der Arbeitserlaubnis bzw. des Arbeitsvertrags

– - Visum – ED: Einladungsschreiben, Aufnahmebestätigung der Schule / Uni

Übersicht über die diversen Visa und Kosten:

Visa-Art	Aufenthaltsdauer	Gebühr	Einreisen	Gültigkeit des Visums
Tourist	60 Tage	30 €	1	90 Tage
Tourist	60 Tage	60 €	2	180 Tage
Tourist	60 Tage	90 €	3	180 Tage
Non-Immigrant	90 Tage	55 €	1	90 Tage
Non-Immigrant	90 Tage	130,00 €	mehrfach	365 Tage

Hotelbuchung

Durch die Entwicklung des Tourismus in Thailand herrscht heute in vielen Regionen ein Überangebot an Hotels und sog. Guesthouses. Durch dieses Überangebot lohnt es sich, auch hier ein wenig zu vergleichen.

Die besten Angebote findet man in aller Regel im Internet auf den diversen Buchungsseiten. Neben den bekannten Größen wie www.expedia.de gibt es auch weitere Anbieter, die durch ihren Sitz in Thailand ganz besonders gute Kontakte zu den Hotels haben.

Meine Favoriten sind:

www.agoda.com

www.hoteltravel.com (wurde auf Phuket gegründet und ist heute eine der größten Hotelbuchungsseiten der Welt)

www.latestays.com (spezialisiert auf Lastminute-Buchungen: ab 30 Tage vor dem Aufenthalt findet man die besten Preise für Hotels in Thailand)

Neben einem Aufenthalt in einem Hotel gibt es auch die Möglichkeit, sich ein Apartment oder ein Haus zu mieten. Dies lohnt sich besonders bei einem Aufenthalt von mehr als 2 Wochen und im Falle von ganzen Häusern für Familien und Gruppen von Freunden.

Für ähnliche Kosten wie im europäischen Hotel lassen sich wahre Traumvillen mit mehreren Schlafzimmern, privatem Pool und Garten finden. Eine echte Alternative für einen Traumurlaub.

Hier einige Anbieter:

www.rent-holiday-homes.com

http://www.homeaway.co.uk/phuket/s/1403/fa/find.squery

http://www.phuket-beachvillas.com/

Wer länger auf Phuket bleiben möchte, z.B. um zu überwintern, dem empfehle ich den folgenden Anbieter für die Recherche:

www.houseinphuket.com

TIPP:

Allgemein ist es bei längeren Aufenthalten aber sinnvoller, erst ein Hotel zu buchen und dann die Insel zu erkunden und dabei auf die vielen "For Rent“ Schilder zu achten. Meist findet man so die wahren Schnäppchen.

Impfungen

Für Phuket reichen die üblichen Impfungen aus, die jeder Mensch haben sollte, wie Diphtherie und Polio. Der Tetanus-Schutz sollte aufgefrischt sein und auch die Hepatitis A und B Impfungen sollten aktuell sein. Ansonsten sind keine weiteren Impfungen notwendig. Phuket ist kein Malaria-Gebiet und somit wird auch keine Prophylaxe benötigt.

4. Ankunft auf Phuket und erste Orientierung

Flughafentransfer

Für Reisende gibt es nur zwei Orte, an denen sie auf Phuket ankommen können. Diese unterscheiden sich in der Art der Anreise:

1. Anreise per Flugzeug
Wer mit dem Flugzeug anreist, landet auf dem Phuket International Airport ganz im Norden der Insel. Nur einige wenige Hotels und Resorts liegen nördlich davon. Die Fahrzeit zu den Hotels, die ja meist an den Stränden liegen, beträgt zwischen 20 und 60 Minuten, je nach Ort.

Am Flughafen wird jeder erst mal von einer Armada Taxifahrer erschlagen, die teilweise sehr aufdringlich um die Gunst der Reisenden kämpfen. Da ist es sinnvoll, vorher zu wissen, welche Möglichkeiten man hat und was diese in etwa kosten.

Vom Flughafen zum Hotel bieten sich folgende Varianten an:

- Abholung durchs Hotel
- Meter Taxi
- Limousinenservice
- Sammel Minibus – nur nach Patong, Kata, Karon
- Flughafenbus – nach Phuket Town und Patong

- Mietwagen

Abholung durchs Hotel

Viele Hotels bieten einen Flughafentransfer an und verlangen dafür zwischen 800 und 2000 Baht je nach Hotel und Lage. Andere Hotels, besonders die größeren, haben Transfers im Zimmerpreis inbegriffen.

Ein (selbst-bezahlter) Transfer durch das Hotel ist zwar etwas teuer, macht aber durchaus Sinn. Besonders, wenn man spät abends ankommt und keine Lust hat, mit Taxifahrern um den Preis zu feilschen oder gar warten zu müssen, bevor ein Taxi frei ist. Auch, wenn es sich um ein weniger bekanntes Hotel oder Guesthouse handelt, das der Taxifahrer evtl. nicht kennt, macht das Sinn.

Mein Tipp: Preis vergleichen(siehe Tabelle weiter unten). Bei später Ankunft und nur wenig Unterschied abholen lassen. (200 Baht Unterschied sind nur 5 Euro, warum also stressen lassen.)

Meter Taxi

Anders als in Bangkok gibt es auf Phuket nur vom Flughafen aus Taxen mit Taximeter. Der Taxistand ist am Flughafen außerhalb der Ankunftshalle ganz rechts. Einfach nach der Gepäckabholung an allen wartenden Fahrern vorbeilaufen und immer rechts halten. So stößt du automatisch auf die gelb-roten Metertaxis. Der Fahrpreis wird nach Meter abgerechnet, dazu kommt ein 100 Baht Aufschlag für den Flughafen. Preise lagen bisher in etwa 150-200 Baht unter denen von Festpreis-Limousinen, siehe weiter unten.

Leider weigern sich die Betreiber mittlerweile die Meter einzuschalten und verlangen ebenfalls Festpreise.

Die Fahrzeuge sind nicht immer die neuesten, viele Fahrer können nur sehr wenig Englisch und haben teilweise Probleme mit der Orientierung.

Mein Tipp: Da die Meter nicht mehr genutzt werden gibt es eigentlich keinen Grund mehr diese Taxen zu nutzen. Diese Praxis sollte meiner Meinung nach nicht unterstützt werden.

Limousinenservice

Die Limousinen sind nichts weiter als gepflegtere Mittelklassewagen, meist ein Toyota Camry. Auf Phuket konkurrieren zahlreiche Taxiunternehmen und nicht registrierte Fahrer, teilweise mit unfairen Mitteln. Es gibt halbherzige Versuche der Regierung, dies in den Griff zu bekommen. Erst vor kurzem mussten sich alle Fahrer registrieren lassen, ihre Fahrzeuge haben Aufkleber mit Namen und Nummer des Fahrers. Nur so gekennzeichnete "Taxis" sind offiziell. Die Preise wurden ebenfalls einheitlich festgelegt und sind an den Ständen in der Ankunftshalle des Flughafens ausgeschrieben. Hier ein Überblick:

From Phuket Airport to:	Baht
Koh Sireh	600
Makham Bay	750
Port of Phuket	750
Panwa Cape	750
Chalong Bay	650
Rawai Beach	750
Nai Harn Beach	500
Phromthep Cape	750
Kata Beach	750
Karon Beach	750
Kathu	550
Patong Beach	650
Surin Beach	550
Kamala Beach	600
Cherng Talay	550

Bezahlt wird übrigens direkt am Taxistand.

Achtung: Der Preis nach Nai Harn in dieser Übersicht ist falsch und sollte 800 Baht sein.

Mein Tipp: Für das erste Mal auf Phuket kann man mit diesen Taxen keinen großen Fehler machen. Der Preis ist ausgeschrieben, die Fahrzeuge sind beschriftet, so dass man sich ggf. über den Fahrer beschweren kann.

Sammelbus

Nach Patong sowie Kata und Karon gibt es einen Minibus Transfer, bei dem in Abhängigkeit von der Größe des Minibus bis zu 12 Fahrgäste transportiert werden. Der Bus hält in der Nähe der Bangla Road in Patong.

Von dort geht es zu Fuß oder mit dem Moped-Taxi bzw. Tuk Tuk weiter. Preis pro Person beträgt 150 Baht. Je nach Lage der Unterkunft kommen dann noch Transportkosten zum Zielort hinzu.

Der günstige Preis hat auch einen Nachteil, denn es muss gewartet werden, bis genügend Fahrgäste zusammen kommen. Außerdem wird, in aller Regel, unterwegs an einem Reisebüro angehalten, in dem versucht wird, Fahrgäste zum Umbuchen ihrer reservierten Zimmer zu bewegen oder Ausflüge zu buchen.

Mein Tipp: Wenn Geld sparen die höchste Priorität hat und man in der Nähe der Bangla Road untergebracht ist, dann macht der Bus Sinn. Man sollte sich aber auf eine gewisse Wartezeit einstellen und auch die Verkaufsstopps einplanen.

Flughafenbus

Auch in Phuket gibt es einen offiziellen Flughafenbus. Dieser verkehrt zwischen Flughafen und Phuket Town und hält an einigen Stationen unterwegs (direkt an der Hauptstraße). Preis für die gesamte Strecke liegt bei 90 Baht. Weitere Infos wie Fahrplan und Preise gibt es hier auf dieser Webseite.(auf Englisch)

Dies ist die günstigste Variante, dauert aber auch entsprechend lange, da der Bus immer wieder hält. Zudem wird in aller Regel ein weiterer Transfer benötigt, da der Bus am Busbahnhof in Phuket Town Endstation hat. Von dort sind es 20-30 Minuten an die Strände.

Update Oktober 2013: Mittlerweile gibt es auch einen Bus der bis nach Patong fährt.

Der Bus kostet 120 Baht und benötigt knapp 2 Stunden.

Abfahrt ist um: 08.15 Uhr; 09.30 Uhr; 10.15 Uhr; 11.30 Uhr; 12.30 Uhr; 14.15 Uhr; 15.30 Uhr; 19.30 Uhr; 20.45 Uhr

Weitere Informationen:
www.phuketairportbusexpress.com/

Mein Tipp: Ideal eigentlich nur für sehr kostenbewusste Reisende, die viel Zeit mitbringen.

Mietwagen

Zu guter Letzt gibt es natürlich auch die Variante Mietwagen und selbst fahren. Am Flughafen gibt es mehrere Anbieter, die Autos verleihen, neben einigen lokalen Unternehmen auch Hertz und Avis.

Preise starten bei etwa 25 € pro Tag.

Allerdings gilt zu beachten, dass in Thailand Linksverkehr herrscht und der Straßenverkehr für Europäer unberechenbar ist.

Mein Tipp: Diese Variante sollte nur in Betracht ziehen, wer schon Erfahrung mit Linksverkehr und Thailand im Speziellen hat. Zudem nach einem langen Anflug nur bedingt zu empfehlen.

2. Ankunft mit dem Bus

Wer mit dem Bus von Bangkok oder einem anderen Ort in

Thailand nach Phuket reist, kommt etwas nördlich von Phuket Town am neuen Busbahnhof an. Minibusse und Reisebusse aus anderen südlichen Provinzen wie Phang Nga, Surat Thani und Krabi kommen weiter am alten Busbahnhof in Phuket Town an. Von dort gibt es fast ausschließlich Moped-Taxis. Deshalb ist es ratsam, den Transfer zu Hotels in entfernteren Orten auf Phuket bereits vor der Ankunft zu organisieren.

Erste Orientierung auf Phuket

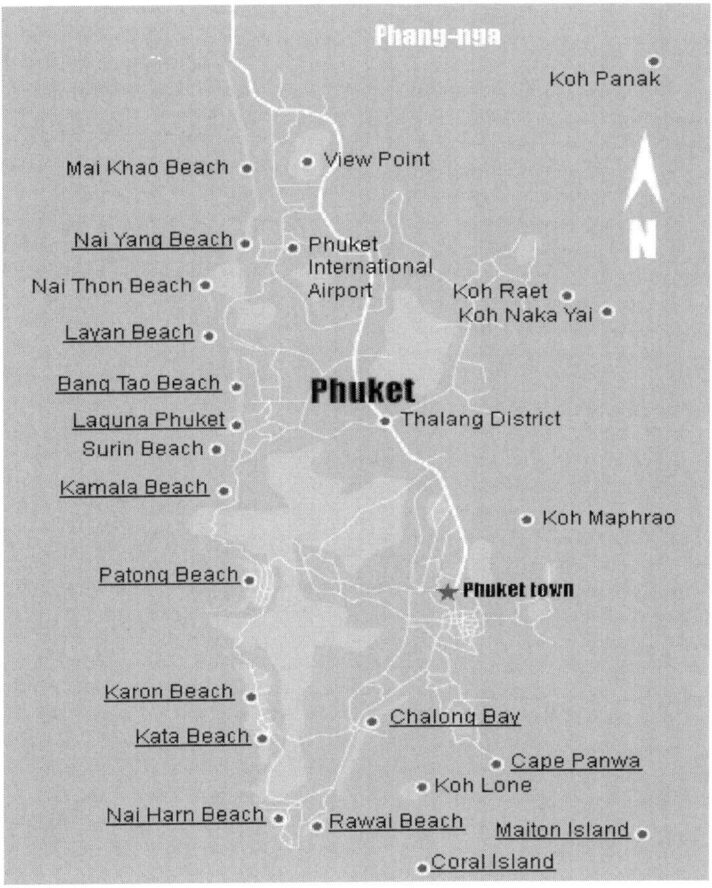

Die Provinz Phuket wird in drei administrative Gebiete aufgeteilt: Thalang im Norden, Kathu im Zentrum und Mueang Phuket im Süden.

Für Touristen ist es generell jedoch einfacher, sich nach den bekanntesten Stränden zu richten. Der Flughafen liegt ganz im Norden der Insel, nördlich davon ist nur mehr Mai Khao Beach.

Südlich vom Flughafen folgen u.a. Bang Tao, Surin, Kamala, Patong und schließlich Karon und Kata.

Im Süden der Insel liegen Nai Harn und Rawai, im Osten die

Chalong Bucht mit dem Pier, von dem alle Tauchboote abfahren. Etwas nördlich davon ist Phuket Town.

Eine wichtige Landmarke im Süden von Phuket ist der Kreisverkehr in Chalong, der Hajaek Chalong, von dem aus der Verkehr in 5 verschiedenen Richtungen geleitet wird. (*Auf der Karte links neben Chalong Bay.*)

Ziemlich im Zentrum der Insel liegt das Heroines Monument, das den beiden Schwestern Chan und Muk gewidmet ist. (*Auf der Karte dort, wo Thalang District steht.*)

Der im Süden Phukets weithin sichtbare Big Buddha von Phuket liegt ganz in der Nähe des Wat Chalong.

Fortbewegung auf Phuket

Ein großes Problem auf Phuket ist das fehlende bzw. absolut mangelhafte öffentliche Nahverkehrsangebot. Zwar gibt es einige Busse, die auf der Insel verkehren, doch diese fahren alle von Phuket Town aus. Zwischen den einzelnen Stränden gibt es keine Verbindungen.

Um von Ort zu Ort zu kommen, um einige der Sehenswürdigkeiten zu besuchen, ist man also auf Taxis bzw. eigenen Transport angewiesen.

Taxis bzw. TukTuks

Leider gibt es auf Phuket außerhalb des Flughafens keine Meter-Taxis. Die wenigen Meter-Taxis, die es gibt, dürfen nur vom Flughafen aus zu den Hotels fahren, aber keine Fahrgäste in die andere Richtung mitnehmen. Dafür gibt es umso mehr TukTuks. Anders als in Bangkok sind die TukTuks auf Phuket 4-rädrig und mit zwei gegenüberliegenden Sitzreihen ausgestattet. Alleine in Patong gibt es wohl über 1000 TukTuks, deren Fahrer teilweise sehr rabiat auf Kundensuche gehen und unverschämte Preise verlangen. Immer wieder kommt es auch zu Übergriffen, wenn der Fahrgast den überteuerten Preis für wenige Meter Fahrstrecke nicht zahlen will.

Meiner Meinung nach gilt es, TukTuks zumindest in Patong nach Möglichkeit zu vermeiden. In jedem Fall sollte man den Fahrpreis vorher verhandeln. Wenn der Preis zu hoch erscheint, nicht einsteigen. Im Zweifelsfall den überteuerten Preis bezahlen und sich nicht auf einen Streit einlassen. Lieber hinterher der Tourist-Police Meldung machen.

Die bessere Alternative für Ausflüge ist es, einen Fahrer vom Hotel oder Guesthouse organisieren zu lassen. Dabei kann der Preis vom Hotelpersonal ausgemacht werden und man hat die Sicherheit, dass es sich um Angestellte oder zumindest vertrauenswürdige Fahrer handelt, die regelmäßig Gäste des Hotels fahren. Im südlichen Teil von Phuket kann ich auf Anfrage ebenfalls zuverlässige Fahrer vermitteln.

Eigener Transport

Wer es sich zutraut, kann sich auch problemlos ein eigenes Fahrzeug mieten. Entweder einen Motorroller oder ein Auto. Preis für den Roller liegt bei ca. 250-300 Baht pro Tag für eine Automatik-Schaltung. Autos gibt es für etwa 1000 Baht pro Tag. Entweder in den Hotels, am Flughafen und in vielen Travel Agencies und anderen Vermittlungsbüros in den Touristenorten.

Es muss dazu gesagt werden, dass der Straßenverkehr unberechenbar ist und es täglich viele Unfälle gibt. Oft sind darin Touristen verwickelt, die zu schnell und oft auch mit Alkohol im Blut ihre eigenen Fähigkeiten überschätzen. Wer vorausschauend und nicht zu schnell fährt und dabei jederzeit mit allem rechnet, der kann aber auch auf Phuket am Straßenverkehr teilnehmen.

Einige wichtige Hinweise in Bezug auf den Straßenverkehr:

- Mopeds fahren teilweise in entgegengesetzter Fahrtrichtung am Straßenrand

- Beim Einbiegen in eine Straße schauen die wenigsten Thais, ob frei ist und fahren einfach ein
- Das größere Fahrzeug bekommt eigentlich immer Vorfahrt
- Wer Lichthupe gibt, signalisiert damit, ich nehme mir die Vorfahrt
- Entgegenkommende Fahrzeuge überholen auch, wenn sie Gegenverkehr haben und erwarten, dass der Gegenverkehr ausweicht
- Mopeds und Autos schlängeln sich über alle Spuren durch den Verkehr.
- Rote Ampeln an kleineren Kreuzungen sind eine Empfehlung und kein Muss

Gefahren und Sicherheit auf Phuket

Grundsätzlich ist Thailand ein sicheres Reiseland und auch Phuket ist ein sicheres Ziel. Dennoch gibt es auch hier einige Gefahren und Dinge, die man nicht tun sollte, die angesprochen werden müssen, damit du einen sicheren Urlaub erleben kannst.

1. Straßenverkehr

Wie bereits oben beschrieben ist der Straßenverkehr unberechenbar und kann sehr gefährlich sein. Hier heißt es, immer aufmerksam zu sein und mit allem zu rechnen.

2. Alkohol

Besonders im Zusammenhang mit dem Straßenverkehr eine leider oftmals tödliche Mischung. Leider aber auch in Form von Schlägereien von enthemmten Thais und Touristen. Hier gilt es, einen kühlen Kopf zu bewahren, wenn man abends unterwegs ist.

3. TukTuk-Fahrer

In Patong gibt es, wie bereits beschrieben, hin und wieder Fälle von aggressiven Tuk Tuk-Fahrern, die versuchen, überteuerte Fahrpreise mit ihren Fäusten durchzusetzen. Hier heißt es, nach Möglichkeit Tuk Tuks zu meiden. Ansonsten auf jeden Fall Streit vermeiden und ruhig bleiben.

4. Drogen

Auch wenn man relativ leicht an Drogen kommen kann, falls man es darauf anlegt, so gilt hier äußerste Zurückhaltung. Die Strafen sind drastisch und es kommt immer wieder zu fingierten Drogendeals mit Ausländern.

5. Jet Skis

Offiziell sind Jet Skis auf Phuket verboten. Dennoch werden sie angeboten und sorgen immer wieder für Probleme. Ein beliebter Betrug ist es, Bremsen und Motoren zu präparieren, so dass es zu

Unfällen kommt. Für die entstandenen Schäden kommt der Tourist auf. Abgesehen von der Gefahr, die durch die defekte Bremse für den Fahrer ausgeht, wurden in der Vergangenheit immer wieder Fälle bekannt, in denen Zahlungen in Höhe von mehreren tausend Euro gefordert wurden.

6. Strömungen

In der Nebensaison gibt es an vielen Stränden gefährliche Unterströmungen. Jedes Jahr ertrinken Menschen. Hier heißt es, auf die Flaggen zu achten und bei roten Flaggen auf keinen Fall schwimmen zu gehen.

7. Abgelegene Straßen

Dunkle und abgelegene Straßen spät am Abend sollte man nach Möglichkeit meiden. Es kommt immer wieder einmal zu Übergriffen. Eine der Strecken, die spät nachts potentiell gefährlich ist, ist die Straße, die von Kata nach Nai Harn führt. Die Strecke ist sehr abgelegen, schlecht beleuchtet und steil.

8. Nachtclubs und Bars

Alkohol, Drogen und sexy Frauen. Kein Wunder, dass einige Männer sich nicht unter Kontrolle haben. Das gilt sowohl für Farangs als auch für Thais. Die sonst so ruhigen Thais flippen unter Einfluss von Alkohol und Drogen ((Met)-Amphetamine) sind sehr verbreitet) komplett aus. Immer wieder kommt es in und um Diskotheken und Bars, meist weit nach 12 Uhr, zu Schlägereien, wobei der Einsatz von Messern oder auch Gruppen von 20 gegen 1 keine Seltenheit sind. Hier gilt die Devise, den eigenen Alkoholpegel unter Kontrolle zu halten, sich aus Auseinandersetzungen heraushalten und im Zweifelsfall einfach nach Hause zu gehen. Oder wie ein Freund, der seit über 20 Jahren auf Phuket lebt, sagte: „Nach 1 Uhr nachts hat kein Mensch, dem wirklich etwas an seinem Leben liegt, etwas im Nachtleben verloren..."

Aus eigener (schmerzhafter) Erfahrung kann ich sagen, da ist viel Wahres dran!

Verhalten im Notfall & Krankheitsfall

Als ein Zentrum für Medizintourismus ist Phuket mit einigen sehr guten Krankenhäusern ausgestattet, die im internationalen Vergleich sehr gut abschneiden.

Bangkok Phuket Hospital

Teil der Bangkok Hospital Gruppe, mit sehr gut ausgebildeten Ärzten, Spezialabteilungen, wie Kardiologie, Radiologie, Gynäkologie, Gastroenterologie, HNO, Augen, div. chirurgischen Stationen und einer Kinderklinik. Zudem gibt es eine Intensivstation.

Das Krankenhaus ist voll auf internationale Patienten eingerichtet, mit vielsprachigem Personal, darunter auch deutsche Patientenbetreuer.

Meine persönliche erste Wahl!

Website: www.phukethospital.com

Notfall Hotline: 1719

Phuket International Hospital

Ebenfalls auf internationale Patienten ausgerichtet. Die Ärzte stehen denen des Bangkok Phuket in nichts nach. Auch hier gibt es die unterschiedlichsten Stationen. Viele meiner Freunde schwören auf dieses Krankenhaus.
Website: www.phuketinternationalhospital.com/de/
Notfall Hotline: 076 210 935

Weitere Krankenhäuser

Mission Hospital

Ein privates Krankenhaus, das als christliches Non-Profit Krankenhaus geführt wird. Entsprechend geringer sind hier die Kosten. Allerdings kann es hier zu langen Wartezeiten kommen. Liegt etwas nördlich von Phuket Town.

Website: www.missionhospitalphuket.com
Notfall Hotline: 076 237 227

Vatchira Hospital

Das größte staatliche Krankenhaus in Phuket Town. Auch hier wird alles geheilt, allerdings ist der Service in keinem Verhältnis zu den internationalen Krankenhäusern. Dafür deutlich günstiger, falls man keine Versicherung hat.
Website: www.vachiraphuket.go.th
Notfall Hotline: 1669

Patong Hospital

Mitten im Haupttouristenort gelegen kommen hier viele kranke und verletzte Urlauber hin. Schwerere Fälle werden aber meist direkt in die internationalen, besser ausgestatteten Häuser gebracht.
Website: www.patonghospital.com
Notfall Hotline: 1669

Thalang Hospital

Staatliches Krankenhaus, das v.a. den Norden der Insel versorgt, allerdings nur beschränkte Einrichtungen bietet.
Website: www.thalanghospital.go.th
Notfall Hotline: keine

Phuket International Health Clinic – Deutsche Arztpraxis Phuket!
at the Andaman Beach Suites Hotel
Website: www.phuket-international-health-clinic.com
Telefon: +66(0)76 342856

Private Kliniken und Apotheken

In den meisten Fällen ist ein Besuch im Krankenhaus aber gar nicht notwendig. Bei Durchfallerkrankungen, Sonnenstich und Sonnenbrand oder einer Verstauchung reicht ein Besuch eines normalen Arztes oder einer Apotheke aus. Apotheken verkaufen

Medikamente ohne Rezept und kennen oft die besten Arzneien, um den Darm wieder zu beruhigen.

Adressen für den Notfall

Konsulate

Deutsches Honorarkonsulat

-Dirk Naumann-
100/425 Chalermprakiat R 9 Rd.(Srisuchart Bypass Road North)
Rassada
Phuket Town 83000
Tel: 076 610 4407
E-Mail: info@deutscheskonsulatphuket.com
Öffnungszeiten: Mo-Fr: 08-12.00 Uhr

Österreichisches Honorarkonsulat

- Khun Wanida-
2 Moo , Wirathongyok Road
Wichit, Muang
Phuket 83000
Tel: 076 248 334 6
E-Mail: h.wanida@gmail.com
Öffnungszeiten: Mo-Fr: 10-12.00 Uhr

Schweizer Honorarkonsulat

-Andrea Kotas-
c/o Patong Beach Hotel (bei Banana Disco)
124 Taweewongse Road
Phuket 83150
Tel. +6681-891 59 87
phuket@honrep.ch
Öffnungszeiten: Mo-Fr: 09-11.30 Uhr

Tourist-Police

Die Touristenpolizei ist eine Einheit, die besser Englisch spricht

und einige freiwillige Farangs in ihren Reihen hat. Ihre Aufgabe ist es, Touristen in Notfällen zu Hilfe zu kommen.
Website: http://www.phukettouristpolice.go.th/index-eng.html
Notfall Hotline: 1155

5. Eine Übersicht der Strände auf Phuket

Phuket ist mit Stränden gesegnet. Es gibt weit über 30 Strände auf der Insel. Zu viele, um diese alle vorzustellen. Für einen ersten Überblick stelle ich hier die bekanntesten Strände vor und einige weniger bekannte, die sich dafür umso mehr für einen Ausflug lohnen.

Patong Beach

Der wohl bekannteste aller Strände Phukets, vielleicht sogar Thailands. Berühmt-berüchtigt, geliebt und gehasst. Dieser Strand und der Ort Patong polarisieren.

Es ist der am stärksten touristisch erschlossene Strand Phukets und Patong ist voll-gepackt mit Angeboten für Touristen. Eine unendliche Zahl von Hotels, Restaurants, Schneidern, Tauchschulen, Bars und Discotheken, Horden von Verkäufern und Tuk-Tuk Fahrern, die auf teilweise sehr aggressive Weise um Kunden werben.

Die Bangla Road ist die Amüsiermeile des Orts, ein Nightlifespot mit Prostitution, A Gogos, Discotheken und vielen Bars. Eine Straße, die man einmal gesehen haben muss.

Patong ist sicher nicht für jeden. Und wer außer Patong nichts von Phuket gesehen hat, der wird garantiert enttäuscht nach Hause fliegen.

Mein Tipp:

Besser an einen der anderen Strände und Patong einmal bei einem Ausflug besuchen. Es sei denn, man lässt sich ganz bewusst auf diesen Trubel ein. Dann aber unbedingt einige Ausflüge in andere Orte der Insel machen.

Karon Beach

Südlich von Patong liegt dieser sehr lange Sandstrand an einer langen Straße. Die meisten Hotels dort liegen direkt auf der anderen Straßenseite. Es gibt auch einen kleinen Ortskern, der aber nicht besonders viel zu bieten hat.

Kata Beach

In Kata gibt es zwei Strände, den großen Kata Beach und den kleineren Kata Noi, der über eine Straße erreichbar ist. Hier gibt es nur wenige Hotels, so dass der Strand deutlich weniger überlaufen ist.

Der Ort Kata ist touristisch ebenfalls sehr stark erschlossen und es gibt hier alles, was sich ein Urlauber wünschen könnte, außer Ruhe und Abgeschiedenheit. Dafür kann man aber eines der vielen schönen Hotels am Strand oder in den Hügeln dahinter wählen. Empfehlenswert ist ein Aufenthalt in der Nebensaison, wenn hier beständige Wellen zum Wellenreiten einladen.

Nai Harn Beach

Der ehemalige Geheimtipp ist schon lange keiner mehr und dieser südlichste Strand Phukets ist mittlerweile auch sehr voll. Dennoch ein schöner Strand und gerade auch für Familien sehr geeignet. In der Nähe gibt es einen Kinderspielplatz, der unter Pinienbäumen auch im Schatten liegt.

Ao Sane Beach

Durch die Tiefgarage des Phuket Yacht Clubs am nördlichen Ende des Nai Harn Beach hindurch erreicht man eine kleine Straße, die zum Ao Sane Beach führt. Dieser kleine Strand ist zwar kein absoluter Geheimtipp mehr, aber dennoch eine schöne Bucht, die bei weitem nicht so voll ist wie der große Nachbar Nai Harn.

Kamala Beach

Nördlich von Patong liegt der Ort Kamala mit seiner ruhigen

Bucht. Hier ist die Welt im Vergleich zu Patong noch in Ordnung und es geht deutlich ruhiger zu. Vor allem Familien fühlen sich hier wohl.

Surin Beach

Weiter nördlich liegt der Surin Beach, der v.a. mit seinen diversen Beach Clubs wie dem Catch Club auch ein gehobeneres Publikum anzieht. In der Nähe finden sich viele 5-Sterne-Hotels und die Millionaire Mile, in der sich Villa an Villa reiht. Auch am Strand ist tagsüber einiges los, so dass sich hier Liegestühle in mehreren Reihen finden.

Bangtao Beach

Ein sehr schöner langer Strand, der gerade im nördlichen Bereich noch keine Hotels hat, so dass es dort noch sehr ruhig zugeht.

Mai Khao Beach

Der längste Strand Phukets liegt weit im Norden der Insel in der Nähe des Flughafens. Neben einigen 5-Sterne-Hotels gibt es hier nicht viel. Der Strand ist weitgehend leer. Keine Liegestühle. Kaum Besucher.

Haat Sai Gäo

Einer der letzten Strände, bevor man das nördliche Ende von Phuket erreicht. Schier endloser Sandstrand ohne jede Bebauung, ohne Touristen. Nur einige lokale Restaurants direkt am Strand.

5. 10 Ausflüge, die man bei einem Phuket Urlaub nicht verpassen sollte

Die meisten Besucher kommen wegen der Strände und des Nachtlebens. Doch Phuket hat mehr zu bieten. Und ein kleines bisschen Inselprogramm kann ja auch nicht schaden. Was also gibt es zu sehen, was muss man gesehen haben?

Diese Liste mit ihren 10 Sehenswürdigkeiten richtet sich gezielt an den Besucher, der zum ersten Mal nach Phuket kommt und wissen möchte, welche Ziele in der großen Masse sich wirklich lohnen. Die hier aufgeführten Ziele sind allesamt von mir persönlich getestet worden und empfehlenswert.

Diese Übersicht ist natürlich alles andere als komplett. Es gibt noch so viel mehr zu sehen und zu erleben. Für mehr Inspirationen empfehle ich die Liste mit 105 Ausflugszielen auf Phuket auf meinem Blog. Dort gibt es zudem viele weitere Beschreibungen von Ausflügen und Restaurants sowie Tipps rund um Phuket.

Die Top 10 der besten Ausflugsziele auf Phuket

- Big Buddha
- Wat Chalong
- Laem Promthep
- Kata View Point
- Phuket Town
- Khao Phra Taeo Nationalpark
- Bangla Road

- Phang Nga Bucht
- Thai Boxen/ Muay Thai
- Weekend Markt

1. Der Big Buddha

Der Big Buddha, offiziell: Phra Puttamingmongkol Akenakkiri Buddha, sitzt im Süden Phukets auf einer der höchsten Erhebungen, dem Khao Nakkerd. Von dort oben bietet sich ein fantastischer Rund-um-Blick auf die Bucht von Chalong, Kata Beach, Phuket Town, Wat Chalong, Cape Panwa und auf die Racha Inseln südlich von Phuket.

Der Buddha selbst ist 25m breit und 45m hoch und komplett mit weißem Marmor verkleidet. Um die Statue selbst gibt es noch mehrere kleinere Statuen.

Mittlerweile ist es auch möglich, den Bereich unter der Buddhastatue zu besichtigen. Interessant ist es zu sehen, dass die tragenden Säulen von den Thais besonders verehrt werden und viele Menschen kommen, um dort Opfergaben zu hinterlassen.

Im Eingangsbereich des Big Buddha, vom Parkplatz kommend, ist eine kleine Ausstellung, die Hintergründe zum Bau liefert. Außerdem gibt es hier sehr viele Möglichkeiten, um für den weiteren Bau zu spenden. Dabei sind die Thais recht einfallsreich.

Öffnungszeiten:

Täglich von 08.00 bis 19.30 Uhr

Anfahrt:

Die Zufahrt zum Big Buddha erfolgt von Chalong aus. Vom Kreisverkehr in Chalong Richtung Wat Chalong liegt die Zufahrt linker Hand und ist gut ausgeschildert. Danach immer der Straße folgen auf den Berg.
Mit dem Taxi: Jeder Taxifahrer auf der Insel kennt den Weg...

Tipp:

Einer der schönsten Orte, sowohl für Sonnenaufgang als auch Sonnenuntergang!

2. Wat Chalong

Der wichtigste Tempel auf Phuket ist der Wat Chalong. Hier werden besonders zwei Mönche verehrt, die während der Zeit des Aufstands der Zinnarbeiter lebten und wirkten. Luang Pho Chuang und Luang Pho Chaem. Besonders dem letzteren werden magische Kräfte zugesprochen und viele Thais kommen, um ihn gegen eine Opfergabe um Hilfe zu bitten.

Meist wird als Versprechen bei Erfüllung des Wunsches das Abbrennen einer Böllerkette abgegeben, 1000 Kracher, 2000 oder auch 10.000 - je nach Größe des Wunsches. Dass die Bitten gar nicht so selten erhört werden, zeigt sich an den sehr häufig in einem speziellen Ofen vor dem Tempel abgebrannten Böllerketten. Dies ist ein lautstarkes Spektakel. Der Tempel selbst kann bis kurz unter die Spitze besichtigt werden und bietet einen schönen Blick auf die Umgebung.

Neben dem großen Haupttempel gibt es weitere Nebengebäude. Sehr schön ist die alte Holzsala, in deren klimatisiertem Inneren es Wachsabbilder von verehrten Mönchen gibt. Ein sehr friedlicher Ort, der von Einheimischen gerne zum Meditieren genutzt wird.

Öffnungszeiten:

Täglich von etwa 07.00 bis 17.00 Uhr

Anfahrt:

Vom Kreisverkehr in Chalong kommend nach etwa 4 km auf der rechten Seite. Vom Central Festival aus nach etwa 6 km auf der linken Seite. Jeder Taxifahrer kennt den Weg zum Tempel.

Tipps:

Nicht verpassen sollte man den Aufstieg aufs Dach des großen Chedi.

3. Laem Promthep

Der südlichste Punkt Phukets ist ein sehr beliebter Ausflugspunkt besonders zum Sonnenuntergang. Dann kann es in der Hochsaison sehr voll werden. Busladungen voller Touristen aus aller Welt kommen, um den „berühmtesten aller Sonnenuntergänge“ zu fotografieren. Ob es aber der Schönste ist? Meiner Meinung nach gibt es deutlich bessere und ruhigere Orte für den Sunset.

Besser ist ein Besuch davor. Dann kann man die schönen Blicke vom „Ende von Phuket“ wirklich genießen. Es bieten sich Blicke auf Naiharn, zu den Racha Inseln und weiteren kleineren Inseln. Zudem gibt es einen Fußweg bis ganz ans Ende der Landzunge, der aber im letzten Bereich steil und felsig wird.

Auf dem Cape gibt es auch einen Leuchtturm, der im Inneren klimatisiert ist und einige interessante maritime Artefakte bietet. Er kann bestiegen werden und bietet dann einen noch besseren Blick.

Rechts vom Aufgang zum Promthep Cape gibt es ein gutes, nicht zu teures Restaurant mit traumhaftem Ausblick, von dem aus man den Sonnenuntergang in Ruhe genießen kann. Allerdings sollte man vor 18.00 Uhr eintreffen, um auf jeden Fall einen Sitzplatz zu bekommen.

Anfahrt:

Laem Promthep liegt ganz im Süden von Phuket und kann sowohl von Nai Harn als auch von Rawai aus angefahren werden. Jeder Taxifahrer kennt den Weg.

Öffnungszeiten:

Jeden Tag rund um die Uhr. Das Restaurant schließt um 23.00 Uhr.

Tipps:

Den Aussichtspunkt vor 17.00 Uhr besichtigen. In der Hochsaison kann es mit dem Auto schwierig werden, einen Parkplatz zu bekommen.

4. Kata View Point

Einer der bekanntesten Ausblicke auf Phuket ist der Kata View Point, oder auch 3-Buchten-Blick. Zwischen Kata und Nai Harn gelegen bietet sich ein fantastischer Ausblick auf die Strände von Kata Noi, Kata Yai und Karon, in dieser Reihenfolge. Im Bild ist auch die kleine Insel Koh Pu zu sehen.

Ein kleines Stück weiter Richtung Kata gibt es auf der linken Seite mehrere Reggae-Bars mit schönem Ausblick, besonders auch zum Sonnenuntergang.

Ich bevorzuge hier die erste, wenn man vom View Point kommt, die After View Beach Bar. Um genau zu sein war ich immer nur in dieser Bar, da das Personal freundlich ist, mich immer wieder erkennt, es gelegentliche gute Konzerte gibt und die Cocktails gut schmecken. Was will ich mehr.

Ach ja, der Blick ist ebenfalls super.

Anfahrt:

Von Kata kommend Richtung Kata Noi, dann links den steilen Hügel hinauf.
Von Chalong, Rawai, Nai Harn kommend gibt es in der Saiyuan eine Kreuzung, an der es nach Nai Harn, Chalong und Kata geht. Dieser Straße Richtung Kata folgend stößt man nach einiger Bergfahrt linker Hand auf den Viewpoint.

Öffnungszeiten:

Jeden Tag und jederzeit.

Tipps:

Dieser Aussichtspunkt lässt sich sehr gut mit einem Besuch am Laem Promthep verbinden.

5. Phuket Town

Auf den ersten Blick eine eher unspektakuläre Provinzhauptstadt, hat Phuket Town doch einiges zu bieten. Besonders der historische Teil der Stadt mit seinen Gebäuden im sind-portugiesischen Stil ist einen Besuch wert.

In den letzten Jahren wurde einiges unternommen, um diesen Teil der Insel zu verschönern. So wurden die hässlichen, überall vorkommenden Stromleitungen entfernt und unterirdisch verlegt, so dass die Gebäude nun besser zu sehen sind.
In vielen der alten Gebäude ist neues Leben eingezogen und es gibt viele kleine Kneipen, Restaurants und Ateliers. Dazwischen finden sich immer noch alte chinesische Geschäfte wie Apotheken und Druckereien.

Zudem lassen sich besonders in Phuket Town einige der für Phuket typischen Speisen ausprobieren wie Mee Hokkien und Mee Phuket. Besonders sehenswert sind die Thalang Road, Ranong Road und die kleine Soi Rommanee und der chinesische Schrein Sang Dhamma.

Wer auf Nachtleben steht, der findet in Phuket Town nicht nur viele kleine Bars, sondern jede Menge Diskotheken und Live-Musik Pubs, die v.a. von einem jungen Thaipublikum besucht werden.

Anfahrt:

Als Inselhauptstadt führen alle Wege irgendwie nach Phuket Town. Es gibt von allen Stränden Busse, die in die Stadt fahren.

Öffnungszeiten:

keine

Tipps:

Phuket Town lohnt sich mit einem Führer, der die Geschichte erklärt und die schönsten Stellen zeigt.

6. Khao Phra Thaeo Nationalpark

In diesem Nationalpark im Nordosten von Phuket befindet sich das letzte größere Stück primären Regenwalds auf der Insel. Auch wenn Phuket weitläufig mit Wald bedeckt ist, so sind die meisten Waldgebiete Plantagenwald und kein ursprünglicher Regenwald.

Khao Phra Thaeo erstreckt sich über ein Gebiet von 22 km^2, das von mehreren Wanderwegen durchzogen ist. Zu den Attraktionen zählen zwei kleinere Wasserfälle, die aber gegen Ende der Trockenzeit fast kein Wasser führen. Am schönsten sind die Wasserfälle am Ende der Regenzeit von Oktober bis Anfang Januar.

Neben den Wanderungen und den Wasserfällen gibt es auch das Gibbon Project, bei dem misshandelte Gibbons, die als Arbeitsaffen eingesetzt oder privat gehalten wurden, wieder ausgewildert werden.

Der Park lohnt sich besonders dann, wenn man noch nie im Regenwald war und während des Aufenthalts keinen weiteren Nationalpark mit Dschungel besucht wie den Khao Sok Nationalpark. Eintritt: 200 Baht für Touristen.

Anfahrt:
Der Nationalpark ist im Norden von Phuket in der Nähe von Thalang. Von Süden kommend am Heldinnen-Denkmal rechts abbiegen. Von dort der Straße für gut 9 km folgend, stößt man auf den Park. Hier ist der Bang Pae Wasserfall.

Weitere Möglichkeit für die Anfahrt ist, die Straße bis Thalang zu fahren und dann im Ort an der Ampel rechts abbiegen und der Straße für etwa 6 km zu folgen.

Öffnungszeiten:
Der Nationalpark ist täglich von 08.-18.00 Uhr geöffnet. Der Eintrittspreis beträgt 200 Baht p.P. für einen Tag

Tipp: Am besten unter der Woche besuchen, wenn weniger los ist.

7. Bangla Road

Sextourismus, Prostitution, Beerbars, Diskotheken, A Gogo. Ladyboys. Über das Nachtleben in Phuket und seinem größten Spot wird viel berichtet und erzählt. Was also liegt näher, als es sich einmal selbst anzusehen, wenn man schon mal da ist.

Das ist absolut kein Problem. Hier sieht man Menschen aus allen Ecken der Welt, Ehepaare, Familien, die sich das Treiben ansehen. Selbst als Frau oder Paar ist es kein Problem, in einer der Bars Platz zu nehmen, ein Bier zu trinken und das Treiben zu beobachten.

Die Bangla Road ist eine Straße vom Strand zur mittleren Hauptstraße von Patong, die voll ist mit Bars, Discotheken und Seitenstraßen voll mit weiteren Bars. Es gibt A Gogos mit Stangentänzerinnen, diverse Shows wie Ping Pong Shows, die offen beworben werden, die man sich aber nicht unbedingt antun muss.

Sehr interessant ist auch die Straße mit den Katoeys, den Ladyboys. Hier stellt sich der Unerfahrene die Frage, wer ist Mann und wer ist Frau.

Anfahrt:
Mitten in Patong. Jeder kennt den Ort. Nicht zu verfehlen.

Öffnungszeiten:
Tagsüber ist nicht viel los, die Straße ist für den Verkehr geöffnet. Ab 18.00 Uhr beginnt sie sich mit Leben zu füllen. Ab 01.00 Uhr schließen die Bars, Discos haben teilweise bis 04-05 Uhr morgens geöffnet (trotz Sperrstunde!)

Tipp:

Als neutraler Beobachter ist von 20.00 – 21.00 Uhr die beste Zeit für einen Besuch. Die Bars und die Straße ist gut gefüllt, so dass es einiges zu sehen gibt, aber die Alkoholpegel sind noch niedrig, so dass nicht mit Zwischenfällen zu rechnen ist wie spät am Abend.

8. Phang Nga Bucht

Die Bucht von Phang Nga gehört nicht zur Provinz Phuket, sondern zu Phang Nga, ist aber von Phuket aus gut zu erreichen. Neben den zahllosen Inseln aus Kalkstein, die für sich bereits eindrucksvoll sind, gibt es einige weitere Highlights, die den Besuch der Bucht lohnen:

- **Sea Canoe:** Mit Kanus wird um und durch die Kalksteinfelsen gepaddelt. Viele der Felsen sind ausgehöhlt und erlauben es, dass mit dem Kanu unten durch gefahren werden kann. Einige der Tunnels sind allerdings sehr eng und teilweise auch nur bei Ebbe zu befahren. Am besten bucht man diese Tour mit einem der Anbieter wie Sea Canoe, Paddle Asia oder John Gray Seacanoe.

- **James Bond Island**: Sicherlich einer der am meisten fotografierten Felsen Thailands. Khao Thapu, der Nagelfelsen, wurde durch den James Bond Film „Der Mann mit dem goldenen Colt“ weltberühmt. Diese Berühmtheit hat leider auch seine Nachteile, denn die Insel ist meist sehr voll.

- **Koh Panyi**: Einzigartige, auf Stelzen gebaute Insel mit muslimischen Bewohnern, die vor dem Einzug des Massentourismus vor allem vom Fischfang lebten. Im Dorf gibt es unzählige Restaurants und Souvenir-Shops, die an Touristen verkaufen. Besonders in der Hochsaison kann es sehr voll werden.

Anfahrt:
Entweder organisiert mit einem Anbieter, dabei sieht man den James Bond Felsen, die Insel Koh Panyi sowie weitere interessante Felsen und kleinere Höhlen. Alternativ fährt man mit dem Auto nach Ao Por im Nordosten Phukets oder zum Hafen in Phang Nga (ca. 1,5 h) und chartert dort selbst ein Longtail.

Tipp:
Für James Bond Island und Koh Panyi am Nachmittag mit dem Auto zum Pier in Phang Nga fahren (lassen) und dort ein Longtail Boot chartern. Nach 17.00 Uhr sind fast alle Tagestouristen von der Insel verschwunden und es kehrt Ruhe ein.

9. Thai Boxen – Muay Thai

Der thailändische Nationalsport ist eine eigene Form des Kickboxens, bei dem auch die Ellbogen und Knie eingesetzt werden dürfen. Die Kämpfer schlagen den Gegner häufig sehr ausdauernd mit dem Knie in die Nierengegend, was sehr zermürbend wirkt. Viele Kämpfe enden mit K.O.

Neben den Kämpfen ist auch die Vorbereitung der Kämpfer im Ring sehenswert. Jeder Boxer führt einen eigenen „Tanz“ auf, das sog. Wai Khru, mit dem dem Trainer Respekt gezollt wird.

Bei den meisten Kämpfen kann man zudem die thailändischen Zuschauer beim Wetten beobachten. Dies geschieht nicht lautstark, sondern mit den Fingern. In Patong läuft ein Mann durchs Stadion und nimmt Wetten an. Kämpfe gibt es in Patong und Chalong zu sehen, wobei die Kämpfe in Patong meist die besten Kämpfer bieten.

Die ersten Kämpfe eines Kampfabends sind von Kindern und Jugendlichen und nur die Hauptkämpfe sind von Erwachsenen.

Anfahrt:
Je nach Stadion unterschiedlich:

Patong Stadium liegt in der Sainamyen Road neben dem Hintereingang des Junk Ceylon.

Chalong Stadium Richtung Phuket Town an der Ampel, an der es rechts zum Phuket Zoo geht.

Wann:
Jeden Montag und Donnerstag in Patong, ab 21.00 Uhr
Jeden Freitag in Chalong ab 20.00 Uhr

Tipp:
Es gibt unterschiedliche Tickets, Ringside und Standard. Die ersteren sind deutlich teurer, aber nur wenige Meter näher. Es bringt also nicht viel, den Aufpreis zu zahlen.

10. Weekend Market

Ein Marktbesuch gehört einfach zu einer Thailandreise dazu. Auch wenn es sehr viele Märkte auf Phuket gibt, so gibt es doch einen, der aus der Masse heraussticht: der Wochenendmarkt in Phuket Town.

Jeden Samstag und Sonntag bieten hier Hunderte von Händlern Waren aller Art an, von Kleidung über CD´s und DVD´s, Haustiere, bis hin zu Elektronikartikeln und Haushaltswaren. Das alles zum kleinen Preis.

Besonders interessant dürften jedenfalls die Unmengen an gefälschten Klamotten sein, die in hervorragender Qualität angeboten werden. Auch DVD´s aktueller Spielfilme sind reizvoll, sind aber mit Vorsicht zu genießen, wenn der Zoll prüft.

Sehr lohnenswert ist auch die Abteilung mit den Essensständen, wo eine unglaubliche Auswahl an Gerichten angeboten wird. Frisch gekocht und spottbillig. Auch wer unbedingt einmal Insekten probieren muss, der wird hier fündig.

Anfahrt:

Vom Central Festival aus Richtung Chalong an der ersten Ampel links. Der Markt liegt rechter Hand, gegenüber dem Wat Naka

Für Taxifahrer: Der lokale Name ist Dtalad Thai Rod.

Wann:

Jeden Samstag und Sonntag, von 16.00 Uhr.

Tipp:

Besser früher kommen, bevor es unangenehm voll wird.

6. Sportmöglichkeiten auf Phuket

Phuket ist natürlich besonders für Wassersport bekannt, aber es bieten sich auch noch weitere Möglichkeiten für sportlich Interessierte an. Hier meine Liste mit Sportarten und -angeboten auf der Insel.

1. Tauchen

Phuket ist ideale Ausgangsbasis für viele Tagestouren rund um die Insel und zu benachbarten Inseln. Außerdem starten auch viele Mehrtagestouren zu den Similan-Inseln und in den Süden nach Hin Daeng/Hin Muang von Phuket.

Tauchbasen gibt es überall auf der Insel, die Tauchboote fahren aber alle von der Chalong Bucht im Südosten von Phuket ab. Das sollte bedacht werden, wenn man hauptsächlich zum Tauchen nach Phuket kommt.

Fast alle Tauchschulen fahren nach einem fixen Tagesplan bestimmte Tauchplätze an, so dass man sich aussuchen kann, wohin man fahren will.

Zu den Highlights um Phuket gehören:

-Shark Point und Anemonen Riff: Zwei Riffe, die nahe beieinander liegen und mit viel Fischreichtum, Hart- und Weichkorallen und gelegentlichen Sichtungen von Leopardenhaien überzeugen. Zudem viele kleine Riffbewohner, darunter auch Seepferdchen und Geisterfetzenfische.

-King Cruiser: Wrack einer 1997 gesunkenen Fähre, mittlerweile stark eingefallen, aber der wohl fischreichste Tauchplatz um Phuket.

-Koh Phi Phi: Die weltberühmte Insel bietet auch hervorragende Tauchplätze, mit regelmäßigen Sichtungen von Leoparden und Schwarzspitzen-Riffhaien und Schildkröten.

An allen genannten Plätzen gibt es hin-und wieder auch Walhaie zu sehen.

-Hin Daeng/Hin Muang: Weit im Süden gelegen und von Phuket nur mit Übernachttouren zu erreichen, dann mit Zwischenstopp im ebenfalls schönen Koh Haa. An den beiden Plätzen bestehen sehr gute Chancen auf Großfische wie Manta und Walhai.

-Similan Island und nördlich davon: Diese Inselgruppe und die nördlich davon liegenden Koh Bon und Koh Tachai sowie der Richelieu Rock werden von Phuket mit Safari-Schiffen angefahren und bieten super Sichtweiten und beeindruckende Unterwasserlandschaften mit Korallen und großen Granitblöcken. Besonders an den Tauchplätzen nördlich der Similans bestehen in der Saison gute Chancen auf Großfische.

Die beste Zeit zum Tauchen ist in der Hochsaison. Großfische kommen um Phuket v.a. im Dezember und Januar vor, an den Similans eher ab Februar. Die Nebensaison kann in Phuket sehr schön zum Tauchen sein, mit oftmals besseren Sichtweiten als in der planktonreichen Hauptsaison.

Empfehlenswerte Tauchschulen:

Sea Bees Diving: hier habe ich jahrelang als Tauchlehrer gearbeitet. Die Basis bietet das volle Programm vom Schnuppertauchen bis zur Mehrtagestour und mehrere Standorte in und um Phuket.

www.sea-bees.com

Außerdem empfehlenswert sind meine Freunde von Divesport, mit Basis in München, Kroatien, Österreich und Phuket. Kein eigenes Boot, aber klein und familiär. Die Basis ist nur von Dezember bis Ende März geöffnet.
www.divesport.de

Weitere deutsche Tauchschulen auf Phuket, mit denen ich allerdings nicht persönlich in Verbindung stehe:

www.diveasia.com/ Ähnlich wie Sea Bees eine der großen Basen auf Phuket.
www.santanaphuket.com/ Bereits seit 30 Jahren auf Phuket
www.deutsche-tauchschule-phuket.de/ Kleine, private Basis in Kamala
www.phuketdiversthailand.com/de/ Ebenfalls in Kamala Beach.

www.armins-diveteam.de Kleine Basis am versteckten Ao Sane Beach, mit kleinem Hausriff, das sehr gut für Kurse und Schnuppertauchen geeignet ist.

2. Segeln und Yachting

Als Insel mit vielen umliegenden Felsen und Inseln und auf der Strecke zwischen Australien und Afrika liegend, ist Phuket ein Paradies für Segler, das auch gerne von Weltumseglern aufgesucht wird. Mit mehreren Marinas und Liegeplätzen stimmt auch die Infrastruktur.

Mit der Phuket Race Week und dem Kings Cup bietet Phuket auch international anerkannte Regatten, die viele Segler aus aller Welt anziehen.

Weitere Infos und Yachtcharter:

http://www.phuket-yachts.com/de-welcome.htm

http://www.yacht-haven-phuket.com/html/index.html

http://www.royalphuketmarina.com/

http://www.phuketyachtclub.info

3. Wellenreiten

In der Nebensaison von Mai bis Oktober bringt der Südwest-Monsun viel Wind und Regen, aber auch Wellen an die Westküste Phukets. Mit den Wellen erwacht die kleine, aber feine Surfszene von Phuket zum Leben. Besonders in Kata, aber auch an anderen Stränden wie Nai Harn und Kalim, wird gesurft und es gibt sogar einen Phuket Surfcup mit mehreren Wettbewerben an verschiedenen Stränden. Bretter können in Kata ausgeliehen werden und es können Anfängerstunden gebucht werden.

Mein Tipp: Nautilus Surf und Tauchshop direkt am Strand. Der Schweizer Besitzer Mike lebt seit 1986 auf Phuket und kennt sich bestens aus: http://www.surftourenphuket.com/

4. Kiteboarding

Die beiden besten Zeiten, um in Phuket zu Kiten, sind von Juni bis September und von November bis Februar. Es gibt mehrere Schulen, die Kurse und Equipment anbieten.

www.kitesurfingphuket.com/
http://www.kitephuket.com/
www.kiteboardingasia.com/

5. Wasserski und Wakeboarding

Auf Phuket gibt es eine Wasserski-Liftanlage auf einem künstlich

angelegten See. Der Lift fährt mit einer Geschwindigkeit von 26 km/h und ist sowohl für Anfänger als auch für Fortgeschrittene geeignet. Mit einigen Rampen und Slides fühlen sich auch die (angehenden) Profis wohl.
Neben Wasserski und Wakeboard gibt es auch Knieboards, die besonders leicht zu bedienen sind.

Die Anlage befindet sich in Kathu im Zentrum der Insel.

http://phuketdir.com/phuketcableski/

6. Golf

Ebenfalls großer Beliebtheit erfreut sich Golf und mit 7 Golfplätzen hat man die Qual der Wahl. Hier eine Seite mit Links zu allen Golfplätzen der Insel, sowie Preisen und Infos: http://www.phuketgolfcourse.com/

7. Thai Boxen

Muay Thai, der Nationalsport der Thais, ist auch bei Ausländern sehr beliebt und so gibt es überall auf Phuket Trainingscamps. Neben Thai Boxen kann hier auch MMA trainiert werden und nicht wenige der Kämpfer sind (semi-)professionelle Fighter, die sich auf Phuket auf Kämpfe vorbereiten.

8. Wing Chun Kung Fu

Seit einigen Jahren gibt es auf Phuket auch eine Kung Fu Schule, die Black Flag Wing Chun ausbildet, eine in Europa noch weitgehend unbekannte Form des Wing Tsun Kung Fu. Der Sifu Gerald ist Franzose und nicht nur Kung Fu Meister, sondern auch chinesischer Arzt. Hier trainiert regelmäßig eine Gruppe von Expats und Kung Fu Anhängern, die im Urlaub nicht aus der Übung kommen wollen. http://www.wingchunphuket.com/

9. Yoga

Wie in weiten Teilen der Welt wird auch in Phuket Yoga immer beliebter. Zahlreiche Schulen rund um die Insel bieten ihre Kurse und Retreats an. Hier einige Links:

http://www.bikramyogaphuket.com/

http://www.katahotyoga.com/

http://thelittleyogaroomphuket.com/

http://www.abbysan.com/
http://www.mindbodyyogasystem.com/suddhavasa-thailand

10. Reiten

Auf Phuket kann man mit Pferden am Strand reiten oder auch Reitstunden nehmen. Für Kinder wird Ponyreiten angeboten. Weitere Infos: http://www.phukethorseclub.com/

11. Mountainbiken

Eine wunderbare Möglichkeit, um Phuket und Umgebung auf eine ganz besondere Art kennenzulernen. Geführte Touren führen über die Insel und auf Nachbarinseln.
http://www.biketoursthailand.com/

http://www.amazingbiketoursthailand.asia/

12. Triathlon

Mit dem Laguna Triathlon hat Phuket eine Triathlon Veranstaltung, die internationale Größen auf die Insel zieht. Phuket ist aber auch für das Training geeignet. Seit einiger Zeit gibt es auch die Möglichkeit, Triathlon gezielt zu trainieren. Geleitet wird die Triathlon Akademie vom bekannten Ironman Jürgen Zäck. http://www.thanyapura.com/node/8

13. Joggen

Laufen ist auch in Phuket populär. Es gibt diverse Community Runs, die regelmäßig stattfinden, es gibt die Läufe der Hash House Harrier und es gibt den Laguna Marathon, der Mitte Juni stattfindet. Beim Marathon gibt es die Möglichkeit, die ganze

Distanz zu laufen, einen Halbmarathon und einen 10km Lauf. Zudem gibt es Kinderläufe.

Joggen kann man auf Phuket natürlich überall, beliebte Strecken sind am Chalong Pier, rund um den Phuket Stausee in Kathu (1 Runde sind etwa 6,5 km) und im Suan Luang Park in Phuket Town. Natürlich auch an allen Stränden.

Aufpassen sollte man auf öffentlichen Strecken vor Straßenhunden, die auch einmal zubeißen.

7. Feste & Veranstaltungen auf Phuket

1. Vegetarian Festival

Das Vegetarian Festival ist eines der Highlights im Kalender von Phuket. Für 9 Tage essen die Teilnehmer nur veganes Essen und verzichten auch sonst auf alle Tierprodukte wie etwa Ledergürtel etc. Weitere Enthaltungen umfassen Sex und Alkohol. Die Teilnehmer und auch viele Besucher sind in weiß gekleidet.

Höhepunkte sind die Umzüge, bei denen sich in Trance befindliche Medien mit allerlei Gegenständen die Wangen piercen lassen und durch die Straßen ziehen. Während des Festivals, das v.a. in Phuket Town stattfindet, wird an allen Ecken vegetarisches (veganes) Essen verkauft. Die Stände sind mit gelben Fahnen gekennzeichnet.

Das Vegetarian Festival findet jedes Jahr Ende September/Anfang bis Mitte Oktober statt.

2. Loy Krathong

Das thailändische Lichterfest wird auf Phuket ebenfalls gefeiert. Wenn auch nicht so spektakulär wie in Chiang Mai oder Ayutthaya, so ist es doch auch auf Phuket ein Erlebnis. An jedem Strand, aber auch an den Seen wie dem Phuket Stausee und der Lagune am Nai Harn Strand, werden kleine Flöße mit Kerzen zu Wasser gelassen, um von negativen Gefühlen und Ärger des vergangenen Jahres loszulassen.
Loy Krathong wird jedes Jahr am Vollmondtag des 12. Monats des Thaikalenders, meist im November gefeiert.

3. Laguna Phuket Triathlon

Einer der bekanntesten Triathlon-Wettkämpfe in Asien ist der jährlich ausgetragene Laguna Phuket Triathlon. Der Wettbewerb zieht regelmäßig über 1000 Starter an und hat rund um den Wettkampf einige Feiern und Veranstaltungen für Besucher.

Der Triathlon findet jedes Jahr im November statt.

4. Six Sense Race Week

Die Six Sense Race Week zählten zu den besten Regatten Asiens und bietet neben den Rennen in diversen Klassen auch 6 Abende vollgepackt mit Rahmenprogramm und Parties. Die Six Sense Race Week findet jedes Jahr im Juli statt.

5. Kings Cup

Die erste Regatta in Phuket wird jährlich zu Ehren des Geburtstags des Königs abgehalten. Die Regatta findet um den 06. Dezember statt.

6. Phuket Bluesfestival

Internationale Bluesmusiker kommen nach Phuket und spielen auf dem Festival Gelände. Das jährlich stattfindende Festival läuft über 3 Tage. Das Bluesfestival findet jedes Jahr im Februar statt.

7. Phuket Bikeweek

Die Bikeweek ist ein Motorradtreffen, zu dem Motorradfans aus ganz Thailand und vielen Nachbarländern kommen. Harleys, Superbikes und viele Freaks. Dazu Konzerte und Parties. Die Bikeweek findet jährlich im April statt.

8. Phuket Pride Festival

Eine 6-tägige Party der Schwulen und Lesben von Phuket, mit Straßenumzügen, Feiern und Rahmenprogramm. Highlight ist der Straßenumzug mit vielen bunten, verkleideten Menschen. Jährlich im April

9. Thao Thepkassatri-Thao Sri Suntorn Festival

Eine jährliche Feier zu Ehren der Heldinnen Chan und Muk. Das Festival findet um das Heroines Monument in Thalang statt.

Jährlich Mitte März.

10. Chinesisches Neujahrsfest

Das chinesische Neujahr wird am Neumondtag zwischen dem 21. Januar und dem 21. Februar begangen. Besonders die chinesische Bevölkerung in Phuket Town feiert das neue Jahr farbenprächtig. Zeitgleich findet das größte Tempelfest der Insel am Wat Chalong statt. Ein sehenswerter Jahrmarkt wie aus alten Zeiten.

11. Phuket Old Town Festival

Ein 3-tägiges Straßenfest in der Altstadt von Phuket Town. Für drei Tage werden mehrere Straßen gesperrt und zu Fußgängerzonen. So erhält man die Möglichkeit, die historischen Gebäude aus nächster Nähe zu bewundern. Dazu gibt es Stände mit Essen, Kunsthandwerk, Straßenkünstler und Musiker. Auf mehreren Bühnen gibt es Konzerte bis spät in die Nacht. Das Festival findet jährlich im Februar statt.

12. Songkran

Das thailändische Neujahrsfest wird natürlich auch auf Phuket gefeiert. Überall auf der Insel wird am 13. April eine riesige Wasserschlacht veranstaltet.

8. Nachbarinseln von Phuket

Von Phuket aus können sehr viele umliegende Inseln besucht werden. Zu den bekannteren zählen:

Koh Phi Phi

Die Inselgruppe, die vor allem durch den Film „The Beach" bekannt wurde, kann mit Speedbooten in Tagestouren oder auch mit der Fähre für längere Aufenthalte erreicht werden. Auch einige Tauchbasen fahren die Insel zum Tauchen und Schnorcheln an.

Koh Racha Yai

Die Insel im Süden von Phuket bietet traumhafte Sandstrände und einige Resorts.

Koh Similan

Inselgruppe, die besonders bei Tauchern beliebt ist und von Phuket in mehrtägigen Tauchsafaris angefahren wird. Von Khao Lak (bzw. dem Hafen Tap Lamu) können auch Tagestouren organisiert werden. Übernachtungsmöglichkeiten sind auf der Insel ebenfalls vorhanden.

Koh Yao Yai und Koh Yao Noi

Während die kleinere Yao Noi mit einigen 5-Sterne-Hotels bereits etwas erschlossen ist, ist Yao Yai noch weitgehend unberührt.

Noch vor zehn Jahren gab es auf Koh Yao Yai nicht mehr als einige privat vermietete Bungalows und knapp 5 km asphaltierte Straße. Am Zustand der Straßen hat sich noch nichts geändert, aber immerhin sind einige kleine Anlagen hinzu gekommen, die Übernachtungsmöglichkeiten bieten.

Und dennoch ist **Koh Yao Yai noch immer ein echter Geheimtipp**. Dort findest du Ruhe, Abgeschiedenheit und einen Einblick in das Leben der Inselbewohner Thailands vor dem Einzug der Touristenmassen. Da diese Insel sehr gut für einen Ausflug auf eigene Faust geeignet ist, stelle ich die Insel im Folgenden etwas detaillierter vor:

Alles wissenswerte rund um Koh Yao Yai

Die Insel Koh Yao Yai liegt östlich von Phuket in der Phang Nga Bucht. Trotz der Nähe zu Phuket gehört die Insel offiziell zur Verwaltung der Provinz Phang Nga und nicht zur Provinz Phuket.

Koh Yao Yai ist die größte Insel in der Yao Inselgruppe, die mit 44 Inseln und 140 km² etwa ein Drittel der Fläche von Phuket ausmacht. Yao Yai ist Heimat für etwa 15.000 muslimische Bewohner, die in mehreren Dörfern auf der Insel leben.

Die Einwohner von Koh Yao sind überwiegend Fischer und leben auch vom Anbau und der Verarbeitung von Kautschuk und Palmen. Mittlerweile arbeiten aber auch sehr viele auf den Tauch- und Ausflugsbooten auf Phuket. Bei Sea Bees Diving, meinem früheren Arbeitgeber, stammen alle Kapitäne und die meisten der Bootsjungen von dort.

Neben Koh Yao Yai liegt die kleinere Insel Yao Noi, die bereits etwas besser erschlossen ist und einige 5-Sterne-Resorts bietet. Auf der größeren Yao Yai sind die Übernachtungsmöglichkeiten noch überschaubarer. Einige kleine Bungalows und ein größeres, gehobenes Resort, sonst nichts.

Die Insel ist weitläufig mit Kautschuk und Palmplantagen bedeckt. Im Küstenbereich dominieren Mangroven, aber es gibt auch einige sehr schöne Sandstrände wie den Loh Pared Beach.

Anreise nach Koh Yao

Die Anreise ist sowohl von Phuket als auch von Krabi und Phang Nga mit dem Boot möglich. Von Phuket fahren täglich Speedboote vom Hafen Bang Rong Pier ab, erste Überfahrt um 07.30 Uhr, danach alle 90 Minuten bis 17.00 Uhr.

Am Chiawanich Pier fährt 3 Mal täglich außer Freitag eine größere Fähre, die zumindest am Nachmittag auch Autos transportiert. Abfahrtszeiten: 08.30, 11.00 und 14.00 Uhr. Fahrtzeit etwa 60 Minuten, Preis lag bei meinem letzten Ausflug 2010 bei 30 Baht pro Person und 20 Baht fürs Moped.

(!Die Zeiten für die Fähre variieren auf allen Internetseiten sehr stark. Die Informationen, die ich veröffentlicht habe, entstammen meiner eigenen Recherche. Sollten die Zeiten sich wieder geändert haben, bitte ich um Mitteilung!)

Die Überfahrt mit dem Boot dauert gute 60min und führt vorbei an den kleinen Khai Noog und Khai Nai Insel, die für Schnorcheltouren angefahren werden.

Bei Ankunft in Koh Yao Yai gibt es einige Taxen und die Möglichkeit, Mopeds zu mieten. Wer die Insel selbst erkunden möchte, der bringt am besten ein eigenes Moped mit oder mietet vor Ort.

Die Insel erkunden - Eine Übersicht

Das eigentliche Highlight von Koh Yao ist die Ursprünglichkeit. Die Insel lässt sich mit einem Moped oder auch Fahrrad hervorragend erkunden. Die einzige asphaltierte Straße führt vom Pier in die "Inselhauptstadt", das erste Dorf vorm Pier. Dort gibt es einige Garküchen und kleine Shops, die Getränke und Snacks verkaufen.

Von dort teilt sich die Straße auf und führt auf Schotterpisten zu anderen Teilen der Insel. Wer sich auf die Suche nach den schönsten Stränden macht, findet diese an der Westküste.

- Ao Muang Beach, malerisch gelegen, aber steinig.
- Lo Pared Beach, toller Sandstrand und schön zum Schwimmen
- Ao Som, im Norden der Insel mit Blick auf Yao Noi und die vielen Felsen der Phang Nga Bucht

Unterkünfte auf Koh Yao Yai

Wie bereits erwähnt ist die Auswahl an Unterkünften noch sehr beschränkt. Über die folgenden Unterkünfte habe ich bisher überwiegend Gutes gehört und kann sie deshalb empfehlen.

Glow Elixir Resort

Am sehr schönen Lo Pared Sandstrand gelegen bietet dieses 4-Sterne-Hotel die gehobensten Unterkünfte auf Koh Yao Yai. Zimmerkategorien reichen von Deluxe in zweiter Reihe bis hin zu den Bungalows direkt am Strand mit eigenem Pool.

Das Resort hat auch eine eigene Tauchschule, die Tauchgänge in der Umgebung anbietet und einen Pool für alle Gäste.

Hier gibt es mehr Informationen: Elixir Resort

Koh Yao Yai Village

Ebenfalls gehobener Ausstattung ist das Yao Yai Village. Es liegt im Nordosten der Insel und ist in die Dschungellandschaft hineingebaut worden. Schwimmen ist in zwei Pools möglich. Vom Restaurant und vielen Zimmer bieten sich traumhafte Blicke auf die umliegenden Inseln der Phang Nga Bucht.

Mehr Informationen gibt es hier: Yao Yai Village

Heimat Gardens Pension

Dieses Guesthouse wird von einer Thailänderin geführt, die viele Jahre in Südtirol lebte und gut deutsch spricht. Die Atmosphäre ist familiär und die Gastgeber kümmern sich fantastisch um ihre Gäste.

Preise liegen bei etwa 1000 Baht und bieten somit ein hervorragendes Preis-Leistungs-Verhältnis.

Mehr Informationen: Heimat Gardens

Wichtige Informationen zu Koh Yao Yai

Da es auf Koh Yao keine Bank mit ATM Geldautomat gibt, sollte ausreichend Bargeld mitgebracht werden. Kreditkarten werden nur in den beiden großen Hotels akzeptiert.

Die Bevölkerung ist muslimisch und sehr freundlich, aber auch zurückhaltend. Das sollte beim Aufenthalt beachtet werden, denn Nacktbaden z.B. wird gar nicht gerne gesehen.

Westliche Restaurants sucht man hier vergebens. Auch wenn einige der Resorts auch einige westliche Speisen auf der Karte haben, so überwiegen kleine Garküchen, die sehr einfach sind.

Tolle Insel, um ein paar Tage auszuspannen

Gerade dass die Insel so wenig erschlossen ist, macht sie zu einem ganz besonderen Ort in der Nähe des touristischen Phuket. Wer einige Tage Ruhe sucht, der wird hier fündig.

Aber auch für einen kurzen Ausflug und Erkundung der Insel mit Moped oder Fahrrad ist es ein gelungenes Ziel.

9. Kulinarische Spezialitäten von Phuket

Abgesehen von den regulären Highlights der köstlichen Thaiküche und dem allgegenwärtigen Seafood hat Phuket auch einige Spezialitäten zu bieten, die für Phuket und/oder Südthailand typisch sind.

1. Mee Hokkien

Nudelgericht der chinesischen Einwanderer aus dicken, gelben Nudeln mit brauner Soße, Schwein, Tintenfisch und Gemüse.

2. Bee Hoon Kra Dook Moo(sprich: Bi Hun Kra Duk Mu):

Trockene Glasnudeln mit gebratenen Frühlingszwiebeln, serviert mit klarer Suppe und Schweinerippen.

3. Kiean

Eine frittierte Wurst aus Schwein und Taro, serviert mit süßer Soße.

4. Lo Ba

Frittierte Schweine-Frikadellen aus Innereien, Ohren und Bauch, serviert in süßer, brauner Soße. Sehr gut zu Bier.

5. Khanom Chin Phuket

Dünne Reisnudeln serviert mit diversen Curries, dazu frisches Gemüse und Kräuter.

6. Homok Talee

Eine Mischung aus Fisch und Curry, die in einem Gemüseblatt gedünstet wird. Das Gericht wird in Bananenblätter eingewickelt serviert. Kann sehr scharf sein und manchmal sehr stark nach Fisch schmecken.

7. O- Iauw

Nachspeise aus Banane, Crushed Eis und Sirup. Ideal nach einem scharfen Essen.

10. Meine persönliche Restaurantempfehlungen auf Phuket

Da die folgenden Restaurants komplett auf meinen eigenen Vorlieben beruhen, verzichte ich auf eine Gewichtung. Alle haben somit den gleichen Rang und sind gleichermaßen 100% empfehlenswert. Viele meiner Lieblingsgerichte stammen aus diesen Küchen. Natürlich ist diese Auswahl vollkommen subjektiv und es gibt Hunderte anderer Restaurants auf Phuket, die ebenfalls einen Platz verdient hätten. Dennoch wollte ich mich auf einige wenige beschränken, die ich dafür aber wärmstens empfehlen kann.

Sala Loi am Rawai Beach

Der Strand in Rawai ist nicht der schönste in Phuket. Und zum Schwimmen ist er auch weniger geeignet. Dennoch ist die Strandpromenade ein sehr beliebtes Ziel, gerade auch für Einheimische. Denn auf der gesamten Länge reiht sich ein Seafood Lokal ans nächste. Mein persönlicher Favorit ist direkt das erste, wenn man von Chalong aus kommt. Man sitzt auf einfachen Holzbänken mit Blick aufs Meer und die vorgelagerten Inseln. Gekocht wird auf der gegenüberliegenden Straßenseite.

Empfehlung:

Als Seafood Restaurant direkt am Wasser sind es natürlich die Meeresfrüchte, die besonders zu empfehlen sind. Außer frischem Fisch, Riesengarnelen und Krabbe empfehle ich Miang Kham, einen super Snack, und Moo Satan Prik, ein cremig-scharfes Curry mit Schwein und Pfeffer.

Krua NC

Ein Thai Restaurant in Phuket Town, das ganz in der Nähe des alten Busbahnhofs im ersten Stock eines Shophauses liegt. Es bietet eine Art Buffet mit vielen Gerichten, viele davon lokale Phuket und Südthailändische Spezialitäten.

Empfehlung:

Ich mag Mu Hom, süßes, sehr weiches Schweinefleisch und die Riesengarnelen mit schwarzem Pfeffer. Aber eigentlich ist alles sehr lecker.

Mor Moo Dong in Chalong

Ein uriges Restaurant das fast ausschliesslich von Einheimischen besucht wird. Gut versteckt lieht es direkt an einem Mangrovenkanal und bietet eine grosse Auswahl von Thaigerichten. Darunter auch einige Spezialitäten. Um das Mor Moo Dong zu finden fährt man Richtung Phuket Zoo und dann Richtung Tankae Seafood. In dieser Strasse bis ganz zum Ende und dann rechts in den kleinen Schotterweg.

Empfehlung:

Es lohnt sich früh da zu sein, da es schnell voll wird. Besonderheit ist der Pla Pao, ein Fisch in Salzkruste. Dauert gut 30 Minuten zur Zubereitung aber die Wartezeit lohnt sich.

Chackachan Seafood im äussersten Norden von Phuket

Eines der letzten Restaurants vor dem Verlassen von Phuket am Haat Sai Käeow Strand. Nach dem Polizei-Checkpoint ganz im Norden von Phuket gibt es mehrere Restaurants. Mein Favorit ist das Chackachan Restaurant.

Man sitzt in Bambushütten mit den Füssen im Sand oberhalb des Strandes mit Blick auf das endlose blau der Andamanensee.

Empfehlung:

Jeglicher Seafood ist hier äusserst frisch und schmackhaft.

M&M Pizzeria

Italienische Restaurants auf Phuket muss man nicht suchen, denn die gibt es an jeder Ecke. Die Guten zu finden ist eine ganz andere Kunst. Mittlerweile habe ich einiges ausprobiert und auch wenn ich mehrere Italiener habe, die ich sehr gut finde, so gibt es doch nur einen, zu dem ich immer und immer wieder gehe.

Bei M&M war ich vor 9 Jahren zum ersten Mal, als sie noch in ihrem alten Restaurant am Rawai Beach waren. Mittlerweile sind sie in einem neuen Gebäude auf dem Weg Richtung Nai Harn.

Was sich nicht geändert hat, ist die Qualität der Pizza und das Personal. Meine Bestellung ist ebenfalls immer die gleiche geblieben: Pizza Diavola.

Empfehlung:

Auf jeden Fall Pizza. Die Panna Cotta mit Passionsfrucht ist der Hammer!

Mom Tri Kitchen in der Villa Royale

Dieses Restaurant fällt etwas aus dem Rahmen, sowohl geografisch, da in Kata Noi, als auch in der Preisklasse. Mom Tri ist ein gehobenes Restaurant mit traumhaftem Blick auf die Bucht von Kata Noi, wunderschön illuminiert und dekoriert, perfekter Service und sehr gute Küche. Der preisgekrönte Weinkeller ist ebenfalls nicht zu verachten.

Natürlich isst man hier für thailändische Verhältnisse sehr teuer. Wenn man aber das Ambiente und Essen mit vergleichbaren Gourmetrestaurants vergleicht, ist es ein absolutes Schnäppchen. 2 Personen mit 3 Gängen und einer Flasche Wein liegen bei etwa 5000 Baht.

Idealer Ort für ein romantisches Abendessen oder sogar einen Antrag. Wir haben hier am Abend vor der Geburt meines Sohnes gefeiert....

Empfehlung:

Auf keinen Fall eines der Thai Gerichte wählen! Das Essen ist zwar vorzüglich, aber auch nicht so viel besser als in einer Garküche, dass der Preisunterschied gerechtfertigt ist. Mein persönlicher Favorit: Duck-Apple.

Kan Eang 1&2

Die beiden Seafood Lokale in Chalong liegen beide am Wasser und gehören der gleichen Familie. Kan Eang 2 ist etwas einfacher, Kan Eang@Pier(so der neue Name des früheren Kan Eang 1) ist etwas gehobener. Preise sind aber bei beiden noch immer moderat für das Ambiente und die Qualität.

Im Kan Eang@Pier habe ich meine Hochzeit gefeiert, zumindest den offiziellen Teil, bevor es zur Poolparty weiterging, so dass ich mit diesem Restaurant immer sehr schöne Erinnerungen verbinde.

Der Blick auf die Chalong Bucht mit den vielen Booten ist tagsüber sehr schön, nachts ist es die Beleuchtung und die Jazzband, deren größter Fan der thailändische Königssohn ist, der in unregelmäßigen Abständen das ganze Restaurant für sich sperren lässt.

Empfehlung:

Yam Hua Bpli, ein Salat aus der Blüte der Banane und alles Seafood, das hier sehr frisch ist. Kan Eang 2 besser tagsüber, Kan Eang 1 eher am Abend.

Natural in Phuket Town

Eine Institution in Phuket Town ist das Natural Restaurant, Ruean Thammachart auf Thai, und auch als Baumhaus bekannt. Mitten in Phuket Town gelegen ist das Natural ein äußerst ungewöhnliches Restaurant über mehrere offene Ebenen aus Holz und mit skurriler Einrichtung wie Tischen aus Nähmaschinengestellen, Aquarien in alten Fernsehern und allerlei altem Krimskrams an den Wänden.

Dazu eine große Auswahl an Thai-Gerichten, die allesamt sehr lecker sind. Das Natural ist ganzjährig sehr gut besucht, so dass es sich lohnt zu reservieren, besonders wenn man mit mehreren Leuten erscheint.

Empfehlung:

Hor Mok Bpu. Normalerweise sind Hor Mok mit Fisch und Curry gemacht und werden in Bananenblätter eingewickelt. Im Natural werden die Hor Mok mit Krabbenfleisch in Tontöpfchen überbacken.

Kopitiam in Phuket Town

Eines der ältesten Restaurants in Phuket Town in der historischen Thalang Road. Die Einrichtung ist sehr stilvoll mit vielen Relikten und Bildern aus der Vergangenheit Phukets. Die Besitzer sind eine alte Phuket Familie, denen auch die älteste Apotheke der Insel und ein weiteres Restaurant in der Strasse gehört. Es gibt eine grosse Auswahl thailändischer Gerichte, darunter viele lokale

Phuket Spezialitäten. Und einige vegetarische Gerichte.

Empfehlung:

Neben den Nudelgerichten, wie Mee Hokkien, v.a. Moo Hong, ein süsses, weiches Schweinfleischgericht und Naam Choop Muang Bau, eine Art Currypaste mit frischer Mango. Die diversen Tees und Blütensäfte sind ebenfalls eine Empfehlung wert.

Fatties in Chalong

Wenn ich dann doch hin und wieder eine große Portion deutsches Essen brauche und nicht selbst kochen will, dann ist Fatties meine Anlaufstelle der Wahl. In letzter Zeit nicht mehr so oft, da es einfach so schwer ist, einen Platz zu kriegen. Das Lokal liegt an der Straße von Chalong nach Phuket Town und ist bei Expats sehr bekannt.

Die Portionen sind ordentlich und das Essen schmackhaft. Chef ist JP, ein Deutscher, der bis zum Tsunami ein gleichnamiges Lokal auf Phi Phi hatte.

Und als Bayer kann ich hier auch meinen gelegentlichen Durst nach Hefeweizen stillen.

Empfehlung:

Schwierig zu sagen, aber für mich sind es das Beef Stroganoff mit Spätzle und die Kässpatzen.

Vegetarische Restaurants

Obwohl die meisten Thais Buddhisten sind ist vegetarische Küche nicht sonderlich verbreitet. Eine Ausnahme ist die Zeit des Vegetarian Festivals in der es fast ausschliesslich vegetarische Gerichte gibt. Leider bestehen das Angebot auch dann meist nur aus diversen frittierten Speisen.

Gute vegetarische Küche und organische Restaurants gibt es aber auch auf Phuket.

Chinesische vegetarische Restaurants

Die meisten Vegetarierer stammen aus dem Kreis der Thais chinesischer Abstammung. Wer aufmerksam unterwegs ist, dem fallen die gelben Schilder mit roten Schriftzeichen vor Restaurants auf. Dabei handelt es sich um vegetarische Restaurants.

Meist werden hier nicht Speisen auf Bestellung zubereitet, sondern es gibt eine Auswahl von Gerichten in Töpfen, aus denen dann gewählt wird. Dazu gibt es wahlweise braunen Reis oder normalen weissen Jasminreis.

Empfehlung

Vom Kreisverkehr in Chalong Richtung Phuket Town gibt es nach etwa 600m ein sehr gutes vegetarisches Restaurant auf der rechten Seite. Es bietet eine Auswahl von etwa 15 Gerichten. Empfehlenswert ist auch Naam Krachiap. Ein süsser Blütensaft.

In der Altstadt von Phuket Town gibt es ebenfalls mehrere vegetarischer Restaurants und Garküchen.

We Cafe

Das We Cafe hat einen Laden in dem organisches Gemüse

verkauft wird. Im Cafe selbst gibt es schmackhafte Salat aus biologischem Anbau. Zu finden ist das Cafe an der Chao Fa West Road. An der Kreuzung Kwang Road, der grossen Verbindungsstrasse zwischen Chao Fa Ost und West.

Vegetarier in Patong

In der Pranbarami Road gibt es ein vegetarisches Restaurant mit vorgekochten Gerichten zum Auswählen. Täglich frisch gibt es 5-10 Gerichte. Davor werden Nudelgerichte verkauft.

Weitere Restaurants und Anregungen für Vegetarier in Phuket: www.happycow.net/asia/thailand/phuket/

11. Thai für Anfänger

Natürlich ist es nicht notwendig, Thai sprechen zu können, wenn man für 2 Wochen in den Urlaub fliegt. Gerade auf einer touristisch erschlossenen Insel wie Phuket findet sich fast immer jemand, der Englisch spricht und selbst Deutsch wird in einigen Hotels gesprochen.

Aber selbst hier gibt es viele Menschen, die kein Englisch können. Wer die Hauptattraktionen verlässt, der findet sich sehr schnell von Menschen umgeben, die nur Thai sprechen. Hier ein paar Wörter zu können, ist sehr hilfreich.

Außerdem bieten Sprachkenntnisse eine ganz andere Möglichkeit, das Urlaubsland kennenzulernen und mit den Einheimischen in Kontakt zu treten. Nur einige, wenige Wörter zu können, kann ein echter Eisbrecher sein.

Im Folgenden nun eine Liste mit den wichtigsten Wörtern und Sätzen auf Thai. Die Lautschrift ist dabei bewusst gewählt, um der thailändischen Aussprache so nah wie möglich zu sein.

Guten Tag, Hallo etc.
Sawatdi Krap (für Männer) Sawatdi Kah (für Frauen)

Ich
Phom(Mann) Tschan(Frau)

Du
Khun

Er
Kau

Sie
Tör

Es
Man

Wir
Rau

Ihr
Puag Khun

Sie
Puag Kau

Ich heiße...
Phom tschüü / Tschan Tschüü krap/kah

Wie heißt du/Sie?
Khun tschüü arai krap/kah

Wie heißt er/sie?
Kau tschüü arai krap/kah

Wohin gehst du?
Bpai nai krap/kah?

Ich gehe nach...
Phom/Tschan bpai...krap/kah

Wie viel kostet das?
(Ni) Taurai krap/kah?

Wieviel kostet es nach...?
Bpai ...taurai krap/kah?

Wo ist...?
...yu nai krap/kah?

Wo ist der Strand?
Hat yu nai krap/kah?

Ich möchte...
Phom/tschan au krap/kah

Ich möchte nicht...
Mai au krap/kah

Zahlen bitte!
Check bin krap/kah

Was haben Sie (zum Essen)?
Mi arai krap/kah

Was ist das?
Ni arai krap/kah?

Ich habe Hunger
Phom/Tschan hiu khao krap/kah

Ich habe keinen Hunger
Mai hiu krap/kah

Ich bin satt
Im läo

Nicht scharf, bitte!
Mai phet krap/kah

Kannst du scharf essen?
Gin phet dai mai krap/kah?

Ich kann nicht scharf...
Gin phet mai dai krap/kah

Magst du Thai Essen?
Khun tschoob ahaan thai mai krap/kah?

Ich mag Thai Essen

Mi ahaan tschee mai krap/kah

Haben Sie vegetarisches Essen?
Ahaan tschee

Vegetarisches Essen
Phom/tschan tschoob ahaan thai krap/kah

Strand

Hat

Meer
Talee

Wasserfall
Nahm Dtok

Taxi
Täxi, Tuk-Tuk

Bus
Rot Bas

Flughafen
Sanam Bin

Essen
Ahaan

scharf
phet

Schwein
Muh

Huhn
Gai

Rind
Nüa

Garnele
Gung

Fisch
Bplah

Reis
Khao

Gemüse
Pak

Gebraten
Phat

Frittiert
Thood

Eins
Nüng

Zwei
Soong

Drei
Saam

Vier
Sii

Fünf
Haa

Sechs
Hok

Sieben
Tsched

Acht
Phäd

Neun
Gaau

Zehn
Sib

Hundert
Nüng Rooi

Tausend
Nüng Phan

Zehntausend
Nüng Mühn

Hundertausend
Nüng Sään

Wie geht es dir?
Sabai Dii Mai Krap/Kah

Mir geht es gut
Phom/tschan sabai dii krap/kah

Mir geht es nicht gut
Phom/Tschan mai kooi sabai krap/kah

Ich habe Fieber
Phom/tschan mii kai krap/kah

Ich habe Durchfall
Phom/Tschan tong sia krap/kah

Ich muss zum Arzt
Phom/Tschan dong bpai haa moh krap/kah

Diese Wörterliste, inkl. Thailändischer Schrift zum Ausdrucken und darauf zeigen, gibt es auf meinem Blog: Wörterliste zum Audrucken

10. Noch ein paar letzte Worte

Phuket ist eine fantastische, vielseitige, tropische Insel. Ein Urlaubsziel, das für wirklich jeden etwas zu bieten hat. Phuket bietet viel mehr als nur 2 Wochen am Strand zu liegen.

Ich hoffe, dass mein Reiseführer Lust gemacht hat, die Insel ein bisschen zu erkunden. Nach 9 Jahren auf Phuket bin ich noch immer ein Fan der Insel und regelmäßig unterwegs, um Neues zu entdecken und Altbekanntem einen kurzen Besuch abzustatten.

Neue Ausflugsziele, Restaurantkritiken und aktuelle Tipps veröffentliche ich auf meinem Blog.

Ich freue mich über Kritik und Anregungen via Email:
sebastian@phuketastic.com
Über diese Email-Adresse bin ich auch erreichbar, falls es noch speziellere Fragen zur Urlaubsplanung geben sollte.

Einen schönen Urlaub in Phuket und Thailand wünscht:

Sebastian Prestele
www.phuketastic.com
Mai 2013

Anhang1: Wichtige Telefonnummern auf einen Blick

Krankenhäuser

Bangkok Phuket Hospital
Website: www.phukethospital.com
Notfall Hotline: 1719

Phuket International Hospital
Website: www.phuketinternationalhospital.com/de/
Notfall Hotline: 076 210 935

Mission Hospital
Website: www.missionhospitalphuket.com
Notfall Hotline: 076 237 227

Vatchira Hospital
Website: www.vachiraphuket.go.th
Notfall Hotline: 1669

Patong Hospital
Website: www.patonghospital.com
Notfall Hotline: 1669

Thalang Hospital
Website: www.thalanghospital.go.th
Notfall Hotline: keine

Phuket International Health Clinic – Deutsche Arztpraxis Phuket!
at the Andaman Beach Suites Hotel
Website: www.phuket-international-health-clinic.com
Telefon: +66(0)76 342856

Konsulate

Deutsches Honorarkonsulat
E-Mail: info@deutscheskonsulatphuket.com

Öffnungszeiten: Mo-Fr: 08-12.00 Uhr

Österreichisches Honorarkonsulat
Tel: 076 248 334 6
E-Mail: h.wanida@gmail.com
Öffnungszeiten: Mo-Fr: 10-12.00 Uhr

Schweizer Honorarkonsulat
Tel. +6681-891 59 87
phuket@honrep.ch
Öffnungszeiten: Mo-Fr: 09-11.30 Uhr

Anhang 2: Buchempfehlungen

Phuket auf eigene Faust entdecken – Sebastian Prestele
Mein umfangreicher Ausflugsführer für Phuket

Thailand der Süden - Stefan Loose
Bester deutscher Reiseführer für Südthailand.

Thailand Reiseführer – Stefan Loose
Vom gleichen Autor, aber für ganz Thailand. Lohnt sich besonders, wenn man mehr als nur Phuket bereist.

Kulturschock Thailand – Rainer Krack
Eine tolle Einführung in die so andere Kultur, Denk- und Lebensweise der Thais. Ein MUSS für alle Thailandreisenden!

Lonely Planet Thailand - China Williams
Die Backpacker-Bibel gibt es natürlich auch für Thailand und bietet umfassende Informationen, insbesondere, aber nicht nur für Backpacker.

Backpacking in Thailand - Patrick Hundt
Nützliches Ebook für Backpacker, die Thailand bereisen möchten. Der Autor ist selbst langjähriger Backpacker, Weltreisender und Reiseblogger

Kauderwelsch: Thai - Martin Lutterjohann
Ein hilfreiches kleines Buch mit vielen Wörtern und Sätzen zum Nachschlagen und darauf zeigen.

Anhang 3: Weiterführende Links

www.phuketastic.com
Mein eigener Phuket Blog. Hier findest du aktuelle Beiträge zu Ausflügen, Restaurants, Infos zur Thai-Sprache und Kultur.

Www.phuket101.com
Englischer Phuket Blog mit vielen Insidertipps

www.jamie-monk.blogspot.com
Englischer Phuket Blog von Jamie, der seit über 10 Jahren hier lebt.

Www.thailandsun.com
Thailandreiseführer und Forum

www.nittaya.de
Deutsches Thailandforum

www.thailand-reisetipps.de
Deutsches Thailand Reiseforum

www.thaivisa.com
Englisch. Größtes Thailandforum der Welt.

Www.thaiminator.de
Sehr umfangreiche private Thailandseite mit Reisetipps für ganz Thailand.

www.clickthai.de
Sehr umfangreiche Thailandseite mit Themen rund um Thailand.

www.faszination-suedostasien.de
Reiseblog mit Schwerpunkt auf Reisen nach Südostasien. Thailand ist regelmäßiges Thema des Blogs.

9353250R00058

Printed in Great Britain
by Amazon.co.uk, Ltd.,
Marston Gate.